＊이 책의 초판은 1998년 1월에 출간되었다. 초판 출간 뒤 여러 차례(1999년, 2004년, 2009년) 개정판이 나왔다(한국어판은 2004년 《인종차별, 야만의 색깔들》로 출간). 최신판(2018년)은 초판에 싣고 이후 개정판에 추가한 딸과 나눈 대화(dialogue) 전체와 새로 작성한 서문, 그리고 증보하고 재구성한 기록들을 담았다.

딸에게
들려주는
인종차별
이야기

Le racisme expliqué à ma fille

Le racisme expliqué à ma fille
Edition augmentée et refondue
Vingt ans après: ce qui a changé(1998-2018)
by Tahar BEN JELLOUN

Editions du Seuil, 1998 et 2018
Korean translation copyright©Rollercoaster Press, 2020

Published by arrangement with Editions du Seuil.
through Sibylle Books Literary Agency, Seoul.

딸에게 들려주는 인종차별 이야기

초판 1쇄 발행 2020년 4월 15일
초판 4쇄 발행 2022년 11월 25일

지은이 타하르 벤 젤룬 | 옮긴이 홍세화 | 해제 오찬호 | 펴낸이 임경훈 | 편집 손소전
펴낸곳 롤러코스터 | 출판등록 제2019-000296호 | 주소 서울시 마포구 월드컵북로 400 서울산업진흥원 5층 2호
전화 070-7768-6066 | 팩스 02-6499-6067 | 이메일 book@rcoaster.com

ISBN 979-11-968749-2-6 03300

혐오와 차별을 밀어내는 가장 따뜻한 대화

딸에게
들려주는
인종차별
이야기

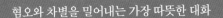

타하르 벤 젤룬 **지음**
홍세화 **옮김**
오찬호 **해제**

무릇 사람의 잘못된 언행은 비난할 수 있어도 존재를 비난할 수는 없는 법이다. 인종주의는 존재의 모습일 뿐인 피부 색깔이 나와 다르다는 이유로-대부분의 경우, 유색이라는 이유로-차별하거나 혐오하는 것을 당연시하는 정신자세를 말한다. 이 인종주의는 지구 안에서 평화롭게 공존해야 할 세상 사람들 사이에 갈등은 물론, 학살과 전쟁까지 일으키는 악종 바이러스다. 21세기 글로벌 세계의 시민은 최소한 '인종주의, 여성차별, 성소수자 배제'라는 세 가지 잘못에서 벗어나야 하는데, 이 책은 인종주의로부터 우리를 지킬 수 있는 면역력을 갖게 해줄 것이다.

옮긴이로서 이 책이 갖고 있는 두 가지 장점을 말할 수 있다. 먼저 '프랑스 식민지였던 모로코계 프랑스인'이라는 저자의 정체성이 오늘날 인종주의가 관철되고 있는 현실 세계를 섬세한 시각으로 바라보게 했다는 점이다. 세상에 스스로 인종주의자라고 말하는 사람은 아주 드물다. 하지만 세상은 인종주의 언행으로 가득 차 있다. 이 점에서 한국 사회는 예외가 아니다. 오히려 물신주의와 결합된 형태인 'GDP 인종주의'의 늪에 깊이 빠져 있다고 말해야 할지 모른다. 이 책은 우리를 그 늪에서 빠져나오게 해주는 훌륭한 길잡이가 될 수 있을 것이다.

또 다른 장점은 저자와 그의 딸 메리엠이 나눈 두 차례 대화가-메리엠의 나이 만 10살 때와 17살 때-책의 주 내용으로 소담히 담겨 있다는 점이다. 이 책이 프랑스뿐만 아니라 세계적인 베스트셀러가 될 수 있었던 데에는 무엇보다 이 장점이 중요하게 작용했다. 한국의 중·고등학생을 비롯한 청소년 독자들은 메리엠의 자리에서 대화를 흥미롭게 읽어나갈 수 있으며 인종주의에 관해 비판적 인식을 갖게 될 것이다.

옮긴이로서 나는 우리 청소년 학생들이 학교와 교실에서 이 책을 함께 읽고 토론하는 기회를 갖기 바란다. 가정에서 자녀와 함께 이 책을 읽는 부모의 모습은 더할 나위 없이 아름다울 것이다.

홍세화 장발장은행장, '소박한 자유인' 대표

차
례

메리엠에게

20년이 지나도
인종주의는 여전히 강고하다

메리엠,

잊어서도 안 되고 감춰서도 안 되고 가볍게 여겨서도 안 된다. 인종주의는 실재하는 사실이야. 역사상 한 번 스쳐 지나가는 사건이나 얼룩이 아니란다. 인종주의는 사람이 사는 곳마다, 사람의 감정이 서로 부딪히고 싸움이 일어나는 곳마다 번창한단다.

우월감이 문제야. 우월감은 자신에게 아무런 위해危害를 가하지 않은 사람임에도 불구하고 그들을 깔보게 만드는 위력의 감정이거든. 우월감은 사람의 차이를 불평등의 표시로 판정하는 권한을 갖게 하고, 부유하다는 이유로 무소불위의 힘을 가졌다고 느끼게 한단다.

결코 잊어선 안 된다. 인간은 '인간에 대한 늑대'가 아냐. 서로 전쟁을 벌이지 않는 동물에게 인간의 죄를 덮어씌울 수는 없어.

동물들은 결코 전쟁을 벌이지 않는단다. 인간은 다만 인간에게 인간일 따름이야.

인간의 가장 뛰어난 적은 인간이란다. 인간이 가장 좋아하는 것은 전쟁이지. 인간은 다른 사람들을 전멸시키는 전쟁을, 모욕을 주고 모든 것을 무無로 돌리는 전쟁을, 가정과 정원을 파괴하고 순진무구한 어린이와 힘없는 노인들을 짓밟는 전쟁을 가장 좋아한단다.

메리엠,

인종주의는 인간이 어디에 있든 그 이마에 새긴 표적처럼 언제나 붙어 다닌단다. 이 인간은 아무도 없는 섬에서조차 혐오하고 경멸하고 모욕할 사람을 기어코 찾아내고 말 거야. 자신이 존재하기 위해, 살아 있다고 느끼기 위해 혐오하는 것이지. 사랑할 수도 있으련만, 사랑은 쉬운 일이 아니야. 사랑받을 만해야 해. 사랑을 유혹해야 하고, 미소 뒤에 숨은 어둠과 그늘로부터 사랑을 되찾아야 해.

메리엠,

잘 알고 있겠지만, 이 모두가 교육에 달려 있어. 무엇보다 어렸을 때 올바른 가치들이 몸에 배도록 가르치고 존중하도록 알려줘야 해. 존중은 인류로 하여금 올바른 길로 이끈 숭고한 겸손과 다르지 않아. 존중이란 다른 사람에게, 위험에 처해 있거나 가난하거나 결핍 상태에 있는 사람에게 다가가 손을 내미는 일이야.

존중은 우리가 저마다 다르면서 서로 닮았다고 생각하는 거야. 존중은 한 인간이 키가 크든 작든, 피부 색깔이 어떻든, 어떤 언어로 말하든, 어떤 신앙을 가졌든 다른 인간과 똑같은 가치를 지닌다고 생각하는 거야. 그가 어떤 의문을 품고 있든, 어떤 욕망을 추구하든, 어떤 일을 하든, 무엇에 열광하든, 또 각자 중요하게 여기는 지혜가 무엇이든, 인간이라면 누구나 똑같은 가치를 지니고 있다는 사실을 잊어선 안 돼. 그러니 메리엠, 존중은 모든 인간 존재의 의무란다. 왜냐하면 우리 모두 살아가는 동안 인류를 영예롭게 하기 위해서는 존중받아야 마땅하기 때문이야.

메리엠,

아빠는 이따금 너의 할아버지, 할머니에 대해, 그들의 꿈과 그들의 세계에 대해 자주 얘기해주었지. 물질적 부가 물건으로 평가될 수 없는 가치들을 쫓아낸 이 세상에서, 너는 그것들이 불러일으키는 꿈과 세계를 참 좋아했어. 사람들은 소유하기에 급급해서, 소유해야 한다는 강박에 빠져, 세계 안에서 그리고 다른 사람들과 함께 존재해야 한다는 사실을 곧잘 잊어버리지.

너는 프랑스에서 태어났지만, 엄마 아빠의 고향에 관해서도 잘 알고 있지. 너에게 모로코는 부모한테서 물려받은 네 기억 속 또 하나의 조국이야. 너는 생활방식의 차이를 차츰 알게 되면서 여성에게 가해지는 조건과, 사하라사막 남쪽 아프리카에서 온, 좀 더 나은 삶을 살고자 유럽 땅에 닿으려 애쓰는 아프리카 흑인들에 대한 인종주의에 몸서리를 쳤어. 너는 여행을 하면서 아주 많은 일들을 보았고, 다른 나라를 방문하고 다른 문화를 경험할수록 인종주의를 멀리해야 한다는 것을 깨닫게 되었지.

무엇보다 인종주의는 무지와 타자에 대한 공포, 이러저러한 종교가 부추기는 증오에 기초하고 있어. 오늘 그것을 다시금 네게 말하는 것은, 네가 세계 수백만 어린이들이 읽고 공부한 이 작은 책과 함께 컸기 때문이야. 그 어느 때보다 지금이 바로 인종주의라는 재앙에 맞서 경각심을 일깨워야 할 시점이거든.

잊어서도 안 되고, 가볍게 여겨서도 안 되고, 감춰서도 안 돼. 지금까지 그래왔듯이 아빠는 네가 앞으로도 주의를 게을리하지 않고 당당하게 인종주의에 대처하리란 걸 알고 있어. 인종주의를 가까이 접하고 있는 사람이든 아니든, 아는 사람이든 모르는 사람이든 인종주의가 우리 삶과 지구의 평화를 위태롭게 한다면 말이다.

메리엠,

20년 전에 너는 열 살이었지. 그때 우리가 미등록 이민자들을 지지하는 시위에 갔던 거 기억하니? 오후 두 시에 파리 동역 앞에서 모이기로 했는데 사람들이 정말 많이 참여했었잖아. 그때는 프랑스인뿐만 아니라 다른 나라 주민들도 시위를 자주 벌였고, 참여한 사람도 많았어. 너에게 그때 얘기를 꺼내는 건, 지금은 이주민이나 미등록 외국인을 옹호하려고 거리에 나오는 시민들이 눈에 띄게 줄어들었기 때문이야.

그때 나는 좋은 아빠로서 너에게 가르쳐온 가치들인 인권이나 평등, 정의를 위한 투쟁에 응답하는 일에 네가 일찍부터 함께하기를 바랐어. 우리는 함께 시위에 참여했고, 나는 그런 네가 자랑스러웠단다. 그런데 너는 계속 나에게 질문을 퍼부었지. 호기심 많은 너는 정확히 무엇을 위해 우리가 거기에 있는지 알고 싶어했어. 질문을 던지는 게 너로선 당연한 일이었는데, 그때 나는 너에게 답변하는 게 아직은 적절치 않다고 판단했어. 너는 짜증을 냈고, 나는 대화를 다른 데로 돌리려고 애썼지.

그러다 어느 순간, 더 이상 너의 질문을 피할 수 없다는 걸 알게되었어. 그래서 너에게 이렇게 말했지. "좋아! 오늘 저녁에 집에가서 같이 공부해보자." 너는 "공부하자"는 말을 내켜하지 않았어. 그래서 내가 이렇게 바꿔 말했지. "네가 던지는 모든 질문에, 너뿐만 아니라 네 또래 아이들이 궁금해하는, 인종주의는 어디서 시작됐고 왜 인종주의가 생겨났는지, 또 인종주의에 어떻게 맞서 싸워야 하는지에 관한 질문들에 진지하게 대답하겠다"고.

그날 저녁에 너는 질문을 했고 나는 답을 했지. 그런데 너는 그다지 만족해하는 것 같지 않았어. 나는 네 또래 아이들이 이해할수 있게끔 쉬운 단어를 사용해야 했어. 그래서 너에게 질문들을 글로 써보라고 했지. 다음 날, 너는 절친한 친구와 함께 와서 두

페이지에 꽉 채운 질문지를 내게 내밀었어. 그날부터 나는 네가 무질서하게 던진 질문들을 염두에 두면서 관련 내용을 교육자료로 만드는 작업에 들어갔단다.

6개월이 지났을 때 나는 60쪽에 달하는 글을 썼어. 그리고 너에게 읽어보라고 했지. 너는 그 글을 읽는 데 뜸을 들였어. 결국 너와 내가 함께 읽었지. 너는 혼동을 일으키는 어려운 단어와 표현이 너무 자주 나온다고 지적했어. 나는 너의 지적을 받아들였고, 그런 다음 그 글을 알베르 자카르 교수에게 보여주었지. 그는 어떤 차이들이 사회에 의해 불평등으로 변화하는지 그 방식에 관해 탁월한 책을 여러 권 쓴 분이었어.

책으로 출판되기에 앞서 원고 형태의 작은 책자는 교사와 역사가, 친구들의 손을 거친 뒤에 편집자에게 건네졌어. 프랑수아즈 페로 편집장은 내게 이렇게 말했어. "당신이 메리엠에게 인종주의에 관해 설명하듯이, 다른 부모들도 자녀에게 인종주의가 무엇인지 설명할 필요를 느껴야 합니다. 이 책의 제목을 '딸에게 들려주는 인종주의'(이 책의 원제_옮긴이)로 정해요"라고.

책 작업에 참여한 것만으로도 충분히 만족감을 느꼈는지, 너는 곧 이 주제에 관심을 잃었지. 어쩌면 이 이야기가 너를 거북하게 했을지도 모르겠다는 생각이 들었어. 네가 수줍어서 그랬을 수도 있고. 특히 너는 책 표지에 네 옆모습 사진이 나온 것을 불편해했지. 그 사진은 탁월한 사진가인 브뤼노 바르베가 찍은 아주 멋진 사진이었는데!

책이 출간되었을 때 정작 너는 다른 곳에 있었지. 이 책이 미디어에서 선풍적인 반향을 일으켰을 때 네가 불편해했던 일이 떠오르는구나. 책은 매일 수천 권씩 팔렸어. 이 작은 책은 엄청난 성공을 거두었어. 마치 너와 함께 작업한 이 책 덕분에 프랑스인들이 프랑스 사회에 인종주의가 존재한다는 사실을 알아차리기나 한 것처럼.

책은 〈렉스프레스〉가 발표하는 베스트셀러 목록에서 1년 넘게 1위 자리를 차지하고, 40개 언어로 번역되기도 했어. 심지어 에스페란토어로도 번역되었으니까! 〈뉴욕타임스〉는 이 책에 관해 4분의 3페이지를 할애했어. 독일에서는 오디오북까지 만들었는데, 베를린에서 출간됐을 때는 내무부 장관이 직접 나와 발표하기도 했지. 유엔은 톨레랑스에 관한 상을 이 책에 수여했어. 코피 아난 당시 유엔 사무총장은 그 상을 뉴욕에서 직접 나에게 주려고 했는데, 다른 일정 때문에 그의 부인이 대신 수여식을 진행했지. 온통 유리로 만들어진 건물에서 말이야. 여기저기서 기자들이 너에 관해 물어봤지만, 네가 화낼 것 같아서 너에게 말하진 않았어.

메리엠, 이 책은 전 세계에서 엄청난 반향을 일으켰단다. 이탈리아에서도 프랑스에서처럼 성공을 거두었어. 상을 여러 개 받았지. 기억나니? 토리노국제도서전에 상을 받으러 너도 갔었잖아. 무용가 모리스 베자르와 영화감독 로만 폴란스키에 둘러싸여 함께 찍은 사진을 지금도 갖고 있단다. 너는 11살도 채 되지 않았는데 이미 유명해졌던 거야! 하지만 너는 그런 명성을 원하지 않았어. 책이 독일에서 상을 받았을 때 한번은 네가 나를 따라왔었지. 그때 우리는 관광도 좀 즐겼고 통일된 베를린의 대로를 걷기도 했어.

어느 때부터 이 책은 내 손에서 벗어났어. 많은 학교에서 이 책을 놓고 공부하기 시작한 거야. 나는 학교 모임과, 인종주의에 맞서 싸우는 시민단체들의 모임에 수백 차례 참석하고 각종 미디어에서도 발언했는데, 가는 곳마다 같은 물음, 같은 우려가 있더구나. 인종주의가 완전히 사라진 사회가 존재하지 않았기 때문이야. 언제부턴가 나는 이 세계적인 재앙에 관해 설명하는 사람이 되었어.

남아프리카공화국을 방문했던 일이 떠오르는구나. 그때 소수민족 사이의 인종주의와, 인도인과 아프리카인 사이의 인종주의가 극심하게 나타나던 더반의 한 학교를 방문했어. 또 사라예보에서는 크로아티아, 세르비아, 보스니아 어린이들이 똑같은 공포와 편견에 사로잡혀 있는 걸 목격하기도 했지. 팔레스타인과 유대인 학생들의 공존 실험학교에서도 마찬가지였어. 곳곳에 공포와 은밀한 혐오가 있었지. 인도는 민주주의 국가인데도 인종주의가 거의 공식적으로 제도화되어 있는 곳이야. 몇몇 인도 사람하고는 이 주제에 관해 말을 꺼낼 수조차 없었어.

언젠가 너는 내게 모로코 사람들도 인종주의자냐고 물은 적이 있지. 뜻밖의 질문이었어. 모로코 사람들은 스스로를 인종주의자라고 생각하지 않거든. 모로코 사람들에게 인종주의자는 자기와 무관한 다른 사람들이야. 하지만 모로코에도 흑인에 대한 인종주의는 모든 계급 사이에 널리 퍼져 있고, 유대계 모로코인들이 이스라엘로 떠난 뒤부터 반유대주의가 확장되고 있어. 그때 너에게 말했지. "모로코 사람들이라고 예외일 수 있을까? 모로코에도 세계의 다른 모든 곳과 마찬가지로 결함이 있어"라고.

지난 20년 동안 너는 프랑스의 극우 정당인 국민전선National Front이 승승장구하는 걸 지켜봤어. 그사이 그들은 두 차례나 대통령 결선투표에 진출했지(2002년 자크 시라크에 맞선 장마리 르 펜과 2017년 에마뉘엘 마크롱에 맞선 마린 르 펜). 그 시기에 오스트리아, 독일, 이탈리아, 벨기에, 네덜란드 등 유럽 국가들에서도 비슷한 상황이 전개됐어. 극우 정당들이 민주적인 선거를 통해 권력에 가까이 다가갈 만큼 많은 표를 얻게 된 거야. 왜? 그리고 어떻게 이 지경에 이르게 되었을까?

국민전선의 전가의 보도인 '이민 반대'라는 논점을 휘두르고, 무슬림에 대한 공포를 부추기지 않고는 이런 극우 정당들이 선거에서 그렇게 많은 득표를 할 수는 없을 거야.

두려움은 아주 잘 먹히는 지렛대야. 유권자들을 불안하게 하고, 그들의 걱정을 더 크게 만드는 재료를 공급하는 방식이야말로 아주 효과적이지. 그런 말들이 거짓되거나 어림잡은 논거에

기댄 것이라 해도 극우 세력들은 전혀 개의치 않아.

유럽 곳곳에서 극우 세력들은 이민과 이주민들의 자녀를 일부러 혼란스럽게 만든단다. 이주민들은 다른 곳에서 온 사람이지만, 이주민의 자녀는 유럽 땅에서 태어났으니 유럽 시민의 구성원으로 받아들여야 마땅해. 그런데 좌파든 우파든 거의 모든 정부로부터 이주민 출신 자녀들은 인정받지 못하고 버려지다시피 했어. (잘못 읽고, 잘못 해석한) 이슬람의 이름으로 저질러지고 있는 테러리즘은 이 버림받은 젊은이들을 대상으로 살인자들을 모집하고 있어. 그럴듯한 선동에 넘어가서 '생존 본능'(모든 사람에게 공통되는)을 '죽음의 본능'으로 바꾸고, 죽음을 탐닉해 자기뿐만 아니라 다른 사람에게도 죽음을 강요하고 있지.

메리엠,

아빠는 이 책에서 프랑스의 사례를 들어 인종주의라는 인간의 보편적인 정신자세에 관해 설명하고 싶었단다. 그전에 이 점을 인정해야 하는데, 프랑스는 시대를 막론하고 차별이 극심한 나라에 속했어. 반유대주의는 오랫동안 가장 살인적으로 관철된 인종주의였고, 반유대주의에 의해 수십 년 동안 나라가 둘로 나뉘기도 했지.

너도 알다시피 '드레퓌스 사건'은 프랑스에서 일어난 일이야. 프랑스 군대의 장교였던 드레퓌스는 오로지 유대인이라는 이유

로 반역죄를 뒤집어씌웠어. 작가 에밀 졸라는 이 장교의 무죄를 소
명하기 위해 〈로로르L'Aurore〉라는 잡지에 그 유명한 '나는 고발한
다'라는 제목의 글을 기고해서 분노를 표출했지.

제2차 세계대전 중에 프랑스 경찰은 1942년 7월 16일과 17일,
파리에서 외국 출신 유대인들을 체포하여 나치의 강제수용소로
보냈어. 이른바 '벨디브(겨울 경륜장) 대량 검거'라고 불리는 사건
이야. 이 일로 1만3152명의 유대인들이 수용소에서 죽어갔단다.
그중 4115명은 어린아이였어.

인종주의에는 언제나 추종자들이 있고 목표물이 있어. 유대인
뿐만 아니라 폴란드, 이탈리아, 스페인 출신 이주민들을 반대하
는 인종주의가 프랑스 사회에서 맹위를 떨쳤지. 알제리 해방전쟁
을 비롯한 식민지 해방전쟁 이후, 그러니까 북아프리카가 프랑
스 식민지에서 벗어난 뒤에는 알제리, 튀니지, 모로코 등 마그레
브Maghreb(리비아·튀니지·알제리·모로코 등 알제리 북서부 일대를 이르는
말_옮긴이) 출신들에 대한 인종주의가 보편화됐어. 아랍인 전반에
반대하는 인종주의가 1973년 1차 석유위기 이후 비약적으로 발
전하기 시작한 거야.

1974년에 발레리 지스카르 데스탱 대통령이 결정한 '가족결
합'(제2차 세계대전 직후부터 1차 석유위기 시기까지 30년 동안의 고도 성장기
에 일손이 부족했던 프랑스는 주로 과거 식민지였던 북아프리카의 알제리, 튀니
지, 모로코에서 이주노동자를 데려왔다. 1974년 프랑스 정부는 그들에게 본국

에서 가족을 데려올 수 있도록 허용할 것이라고 발표하고, 1976년에 법을 통과시켰다_옮긴이)의 결과로 이주민 출신 프랑스인 2세들(속지주의에 의해 프랑스 땅에서 태어난 사람들은 자동적으로 프랑스 국적을 가짐_옮긴이)이 태어났지.

하지만 이 2세들은 어려운 시절을 보내야 했어. 사회에서 제대로 인정받지 못해 프랑스 사회에 잘 통합하지 못했는데, 그들 중 일부는 아무런 기회를 주지 않는 사회에 대항해 범죄에 빠지거나 반항심을 갖게 되었지. 시대에 뒤떨어진 부모들은 학교 공부에 실패하거나 모험을 뒤쫓는 자식들의 탈선행위를 속수무책으로 지켜봐야만 했고.

프랑스 감옥 전체 수감자의 70%가 경범죄를 저지른 북아프리카 출신 젊은 프랑스인들이라고 해. 2015년 1월 17일자 〈텔레그래프〉는 "프랑스 감옥에 있는 6만7500명의 수감자 가운데 이슬람교도가 70%를 차지하는 것으로 평가되고 있다. 이슬람교도는 프랑스 전체 인구의 단지 8%만을 차지한다"라고 썼어. 문제는 이 젊은이들이 이슬람교와 함께 과격성을 만나는 곳이 바로 감옥이었던 거야. 여기서 최초의 '이슬람 근본주의자'들이 나왔어.

이들은, 국민을 마땅히 책임져야 함에도 이를 방기한 국가에 대해 이슬람이라는 정체성으로 맞대응했어. 알카에다 깃발 아래든, 이슬람국가인 다에시(이슬람국가IS의 아랍식 명칭, 부정적인 뉘앙스가 포함되어 있다_옮긴이)의 깃발 아래든, 이슬람의 이름으로 미국과 유럽에서 첫 번째 테러들이 일어났지. 그리고 이슬람에 대한 거부는 곧바로 이슬람과 이슬람교도들에 대한 혐오를 뜻하는 '이슬라모포비아Islamophobia'라는 새로운 인종주의적 표현으로 발전했어.

이 혐오는 테러리즘에 의해 더욱 격화되었는데, 테러리즘에 담겨 있는 서구와 기독교인, 유대인과 비신앙인에 반대하는 인종주의도 인터넷을 통해 광범위하게 퍼져나갔지.

메리엠,

너는 잘 알고 있을 거야. 아빠는 너와 동생들을 자유와 세속주의 정신(사회와 문화를 종교로부터 분리해야 한다는 주장_옮긴이) 속에서 자라도록 했다는 것을. 나는 너희에게 결코 특정 종교를 강요하지 않았어. 너희에게 세 개의 일신교(기독교, 유대교, 이슬람교_옮긴이)가 품고 있는 중요한 주제와 기본 가치에 관해 알려주었던 일이 생각나는구나. 너희는 이슬람 문화의 영향을 받았지. 설령 그것이 너희 조부모님이 아주 평온하게 이슬람교를 믿었다는 이유 하나만으로도 말이다. 너희는 조부모님이 기도하고 라마단 금식을 실행하고 이드(이드 알아드하. 이슬람교의 중요한 축제 중 하나_옮긴이)를 경축하고 메카로 순례를 떠나는 걸 보았어.

너희 조부모처럼 평화로운 이슬람교도에 비추어볼 때, 너는 미디어가 전하는 '이슬람주의'가 어디서부터 시작됐는지 도저히 이해하지 못했어. 테러와 죽음에 이르게 하는 광신적이고 급진적이며, 종교가 가져야 할 그 어떤 섬세함도 찾아볼 수 없는 비전을 말이야.

너는 대부분의 정치인들이 자기들의 발언에서 이슬람을 '이슬람주의'와 혼동하지 않기 위해 주의를 기울인다는 것을 확인할 수 있었지. 하지만 사회는 이러한 미묘한 차이에 별로 신경을 쓰지 않아. 그래서 대부분의 유럽 시민들이 나라를 뒤흔든 테러의 책임이 이슬람에 있다고 생각하는 거야.

이슬람에 대한 불신의 역사는, 히잡과 몸 전체를 감추는 베일이 어떤 종교를 믿고 있는지 겉으로 표시하는 것을 금지한 실정법과 충돌하는 사태와 함께 태동했어. 그 일은 두 여고생이 자기들의 차이를 드러내고, 이슬람교도라는 정체성을 말하기 위해 베일을 쓰고 등교한 1989년에 시작되었지.

그 일은 그냥 조용히 지나갈 수도 있었어. 하지만 사람들은 그 여고생들이 자기를 드러내는 방식에 크게 관심을 가졌어. 어쩌면 이 사건은 공화국 전체를 뒤흔들 만큼 엄청난 사태에 이르지 않을 수도 있었어. 하지만 각종 미디어는 공화주의 원칙의 하나인 세속주의에 의해 설 자리가 없는 공적 공간에 종교가 침범했다면서 이 사건을 집중 보도했어.

메리엠, 프랑스가 세속국가라는 건 너도 알고 있지? 교회와 국가의 분리를 규정한 법은 1905년 12월에 제정되었단다. 이 법은 오랜 투쟁 끝에 통과되었어. 세속주의가 뭐냐고? 먼저 세속주의가 아닌 것부터 말해줄게. 세속주의는 무엇보다 신앙에 대한 부정이나 혐오가 아니란다. 세속주의는 프랑스의 모든 종교를 믿는 사람들에게 맞서 싸우는 무기도 아니야.

세속주의는 어떤 종교도 공적 영역, 즉 학교나 병원이나 관공서 같은 곳에는 자기 자리가 없고 오로지 사적 영역에서만 자기 자리가 있다는 원칙을 말해. 종교는 양심의 자유에 속하고 세속주의 원칙에 의해 보장돼. 그래서 모든 시민은 믿거나 믿지 않거나, 사적으로 자기 신앙을 실천하거나 전혀 실천하지 않을 수 있단다.

프랑스에서 "나는 이런 종교를 믿는다"고 외부에서 알 수 있게끔 표시하는 걸 금지한 것은 이 원칙들에 의한 것이지. 그리고 여성의 몸을 머리에서 발끝까지 베일로 가리는 부르카 착용을 금지하는 법안도 통과되었어.

일부 이슬람교도들은 이 법을 아주 나쁘게 받아들였지. 왜냐하면 그들은 여성의 몸이 공개적으로 보이면 안 된다고 생각하거든. 그들은 무엇을 입고 살든 각자 원하는 대로 선택할 자유가 있다고 외쳤어. 하지만 그들의 속내는 여성을 베일로 가림으로써 서구의 생활방식을 거부하고 유럽 여성의 지위를 부정하겠다는 데 있지. 바로 여기서 세속국가인 프랑스와 프랑스에 살고 있는 일부 이슬람교도 사이에 단절이 있다는 게 뚜렷이 드러났어.

메리엠,

우리가 함께 모로코 탕헤르에서 출발해 프랑스 파리까지 여행했던 거 기억하니? 비행기에 탑승할 때 너는 온몸을 베일로 가리고 양손에는 검은 장갑을 껴서 털끝 하나 드러내지 않은 한 여성을 보았지. 일종의 젤라바와 같은 파키스탄식 긴 옷을 입고 수염을 길게 기른 남성을 따라가던 그 여성은 팔에 아기를 안고 있었어. 너는 끔찍해하면서 내게 이렇게 말했어. "저 가련한 여성은 감옥에, 움직이는 철창 속에 갇혀 있어요. 게다가 아무 불평도 하지 않고 아무 말도 없이 남편을 따라가는 저 모습은…" 아빠는 그때 네가 분노하면서 이해할 수 없다고 반응했던 게 기억나는구나. 너는 이어서 "파리의 국경 경찰은 저 여성이 프랑스 땅을 밟게 하지 않을 거야"라고 말했지.

비행기 안에서 우리는 온몸을 검은 베일로 가린 그 여성이 베일 밑으로 포크를 집어넣으면서 식사하는 걸 보았어. 정말 보기 불편한 모습이었지. 너는 "우리 할머니든 이모할머니든 사촌이든 그 누구도 저런 베일로 전신을 가리지 않았는데! 저건 이슬람이 아냐!"라고 말했지.

네 말이 맞아. 이슬람교는 결코 여성에게 인간 개성을 부정하고 역겨운 물건처럼 만드는 괴상한 옷차림을 강요하지 않아. 코란에는 베일과 관련하여 세 가지 기준이 있을 뿐이야. 말하자면 기도할 때나 가족이 아닌 남자 앞에 있을 때 머리칼을 가려야 한다는 등의 내용이야. 온몸을 검은 옷으로 가리는 부르카 착용은 아프가니스탄과 파키스탄의 전통에서 비롯된 걸 거야. 이슬람교를 잘못 적용한 것으로, 여성의 육체와 여성의 자유, 여성의 욕망을 두려워하는 남자들에 의해 강요된 거야.

우리가 오를리 공항에 도착했을 때, 너는 경찰이 어떻게 반응하는지 보려고 그 부부를 따라갔어. 내 기억에 너는 그 여성을 바짝 뒤따라갔지. 그 여성은 여성 경찰이 서 있는 줄을 선택했어. 입국 심사대 앞에서 그 여성은 여권을 보여주려고 베일을 조금 올렸는데, 그걸로 별일 없이 통과됐어. 우리는 둘 다 깜짝 놀랐지. 너는 경찰에게 확인해보고 싶었지만, 결국 "그래, 내 문제도 아닌데"라고 혼잣말을 하고 그만뒀지.

이 얘기를 다시 꺼낸 건, 이슬람교가 점점 여성을 열등한 존재로 보는 종교로 인식되고 있는 것이, 유령의 모습으로 변한 그런 여성들 때문이라는 점을 네가 잊지 않기를 바라기 때문이야.

배타적·광신적으로 해석된 이슬람의 이름으로 저질러지고 있는 테러리즘은 알카에다의 초기 테러 행위들에 의해 세상에 알려지기 시작했단다. 그 테러는 1992년 12월부터 예멘을 필두로 리비아, 이집트, 파키스탄, 알제리에서도 일어났지. 그러다가 2001년 9월 11일, 전 세계는 네 대의 비행기가 공중 납치된 사건을 접했어. 그중 두 대는 뉴욕에 있는 세계무역센터의 쌍둥이 빌

딩을 향해 돌진했고, 무려 3000명의 생명이 희생됐지. 사람을 가장 많이 살상한 이 엄청난 테러는 아랍과 무슬림 세계에 엄중한 결과를 가져왔어.

너도 그 화요일 저녁을 기억할 거야. 우리는 함께 TV를 보고 있었는데, 마치 묘지에 있는 것처럼 아무 말 없이 화면만 쳐다보았지. 그때 일곱 살이던 네 동생이 어떻게 반응했는지 너도 기억할 거야. 동생은 그날부터 학교 식당에서 주는 돼지고기 음식을 거절하지 않겠다고 선언했지. 네 동생에게 이슬람교도라는 것은 무고한 사람들을 죽여도 된다는 것이었어. 내가 이슬람에 관해 설명하는 어린이용(그들의 부모도 함께 읽는) 책을 쓰기로 마음먹은 날이 바로 그날이었단다.

그 뒤 세계는 여기저기서 또 다른 테러 행위가 일어나지 않을까 불안에 떨었어. 하지만 불행하게도 테러 분위기가 사라지는 마법은 일어나지 않았지. 오히려 살인적 테러 행위들이 이집트, 아프가니스탄, 모로코, 튀니지, 알제리, 리비아, 말리, 사우디아라비아, 이라크, 시리아 등 무슬림 국가에서 발생했고, 서방 국가들도 비껴가지 않았어. 세계무역센터에 대한 테러 행위를 징벌하겠다면서 당시 미국 대통령 조지 W. 부시는 2003년 3월 이라크 침략을 결정했는데, 그것은 그 나라를 전 세계에 대한 악착스런 테러리스트들의 소굴이 되도록 만들었지. '다에시IS'라는 이름 아래 '이슬람국가'가 선언된 것도 바로 그 나라에서였어.

그 뒤에 너도 알다시피 프랑스, 스페인, 영국, 벨기에, 네덜란드, 터키 등에서 테러 행위가 연이어 일어났어. 다에시는 오늘날 세계를 위협하면서 기독교도(특히 이집트의 콥트 기독교도를 비롯한 서아시아의 기독교도들), 유대인, 그리고 그들이 이교도로 취급하는 '불경한 무슬림'들에 대한 싸움을 이끌고 있지.

테러리스트들이 "신은 위대하시다"(알라후 아크바르)라고 외치며 테러를 일으킴에 따라, 이슬람은 이 세상에서 가장 비열하고 가장 끔찍한 테러리즘과 아주 가깝게 결합되고 말았단다.

지금도 하나의 종교가 프랑스와 같은 서구 국가 출신을 포함한 광신자들에 의해 범죄 행위와 연결되어 자행되고 있어. 프랑스는 이주민의 자식들을 너무 박대했는데, 그들 가운데 무자비한 증오심을 품은 사람들이 생겨난 거야. 가령 마그레브 출신 프랑스 군인들과 유대인 아이들(그래, 아이들 말이야)을 죽인 모하메드 메라의 총기 난사 사건은 달리 설명되지 않아. 이렇게 탈선한 이슬람의 이름 아래 또 다른 테러리스트들이 〈샤를리 에브도〉 주간지 기자들(12명 사망, 4명 중상)과, 파리 동부의 포르트 드 뱅센 지역에 있는 유대 식품점에서 유대인들을 살해했어. 2015년 1월 7일의 일이야.

그때 우리는 아연실색하고 질겁해서 아무 말도 못했지. 우리 모두 레퓌블리크(공화국) 광장으로 나가 테러에 대한 혐오와 희생자 가족에 대한 연대의 표시로 침묵시위에 참여했어. 테러리즘은 가장 비열한 인종주의적 행동이야. 그래, 인종주의는 사람을 죽여. 인종주의가 사람을 죽인다는 건 새로운 일이 아니지. 실제로 나치즘은 반유대 인종주의가 가장 끔찍하게 적용된 사례였어.

메리엠,

그날 우리는 그 거대한 시위가 인종주의에 대한 유혹을 물리칠 수 있으리라 생각했어. 하지만 전혀 그러지 못했지. 이슬람은 고작 피고석에 섰을 뿐이야. 신도 아랑곳하지 않고 법도 아랑곳하지 않는, 범죄자들에 의해 함정에 빠진 이슬람을 어떻게 구해내고 옹호할 수 있을까?

테러의 상처가 아물려고 할 즈음, 이번에는 프랑스의 생활방식과 자유의 원칙에 대한 새로운 테러가 전혀 예상치 못한 수법으로 수많은 희생자를 낳았어. 2015년 11월 13일, 바타클랑 극장과 그 구역에 있는 레스토랑, 카페에서 일어난 연쇄 테러로 130명이 목숨을 잃고 413명이 부상당했어. 실로 끔찍한 저녁이었지. 몹쓸 인간들이 알라신과 선지자의 이름으로 무고한 사람들을 학살한 거야.

내가 이 얘기를 너에게 다시 하는 건, 그 뒤 어떤 맥락에서 무슬림을 반대하고 아랍을 반대하고 이주민을 반대하는 인종주의가, 프랑스 사람들 사이에 어떻게 위기 상황과 몰이해를 빚으면서 퍼져나갔는지 네가 잘 이해하도록 하기 위해서란다.

그 뒤에도 테러는 멈추지 않았어. 2016년 7월 14일(프랑스 혁명 기념일) 저녁에는 어느 미친 트럭이 니스에 부는 시원한 바람을 맞으며 피로를 풀려고 '프롬나드 데 장글레'(영국인의 산책길) 대로에 나온 사람들을 향해 돌진했어. 그렇게 또 하나의 범죄자가 운전한 트럭에 84명이 목숨을 잃고 331명이 부상당했어. 그들 중에는 인권의 나라에서 안전하리라 믿은 무슬림 가족들도 적지 않았을 거야. 니스뿐만 아니라 프랑스 전체가 슬픔에 빠졌지. 사람들을 죽이라고 선동하는 이슬람의 이름으로 말이야.

2016년 7월 26일, 85세의 성직자이자 평화의 사도인 자크 아멜 신부가 프랑스 북부 생테티엔 뒤 루브래(루앙 부근)에 있는 성당에서 목이 베어 죽임을 당한 일이 발생했단다. 그 끔찍스러움은 더 이상 견딜 수 없는 지경에까지 이르렀어. 이 언어도단의 범죄 또한 이슬람국가의 짓이었지.

2006년에는 일란 알라미라는 청년이 잔인무도한 갱단에 납치되었어. 그 악마들은 그를 3주 동안이나 고문했어. 몸값을 많이 바랐던 거지. 유대인은 틀림없이 부자라고 생각했을 테니까. 그는 결국 고문에 따른 부상으로 사망하고 말았어. 흉악스러운 반유대 인종주의 범죄였지.

11년 뒤인 2017년에는 65세의 사라 알리미 부인이 아프리카인 이웃한테서 죽임을 당했어. 범인은 이 부인을 창문 밖으로 던졌고 그녀는 즉사했지. 법원은 이 살해가 반유대주의 성격이라는 사실을 인정하는 데 수개월이나 걸렸어.

비슷한 일이 85세의 미레유 크놀 부인한테도 일어났어. 그녀는

1942년 '벨디브 사건'(1942년 7월 나치 독일에 협력한 프랑스 비시 정권이 유대인 1만3000명을 억류했다가 나치 강제수용소로 보낸 사건_옮긴이) 때도 기적적으로 살아남았지만, 두 악한에 의해 유대인이라는 이유만으로 매질을 당하고 살갗이 벗겨지고 칼에 찔리고 산 채로 불에 태워졌어. 바로 이런 일이 프랑스에서 일어난 거야. 나치도 하지 못한 일인데, 두 살인자는 유대인에 대한 증오심으로 이런 끔찍하고 잔인한 짓을 저질렀어.

인종주의는 사람을 죽인단다. 인종주의에는 휴전도 없고 유예도 없어. 인종주의는 사람들 얼굴을 탐색하고 몸을 해치기 위해 노려보다가 그들 중 특정 사람에게 예고 없이 달려들지.

인종주의는 도시를 배회하는 환상도 소문도 아니고, 소음이나 그림자도 아냐. 인종주의는 하나의 역사와 과거, 기억을 가진 남녀들이야. 잘 알지 못하거나 전혀 모르는 사람들에 대해 끝없는 증오심으로 불타는 사람들이야. 더 나아가 무슬림의 것이든 유대인의 것이든 종종 무덤까지 훼손하는데, 이렇듯 인종주의는 말없이 죽어 있는 사람들까지 가만두지를 않아.

메리엠,

2018년 4월 21일자 〈파리지앵〉에는 300명의 인사가 서명한, '프랑스 이슬람주의자들의 새로운 반유대주의'를 고발하는 청원서가 실려 있단다. 마침 알뱅 미셸 출판사에서 《프랑스의 새로운 반유대주의》라는 제목의 책이 막 출간되었지.

나는 그 청원서를 읽고 마음이 편치 않았어. 물론 이슬람주의자들이 반유대주의자라는 점은 부정할 수 없는 사실이야. 나는 이에 관해 충분히 고발해왔어. 하지만 우리가 제대로 알아야 할 게 있어. 이 테러리스트들은 모든 사람들에 대한 증오심으로 불타고 있다는 거야. 그들이 유대인을 혐오하는 것은 분명해. 하지만 그들은 자기들 편에 서지 않는 온유한 무슬림도 증오하고, 비신앙자와 다른 종교들도 혐오하고 있단다.

청원서에는 유대인 시민들이 무슬림 시민들에 비해 25배 넘는 위험에 처해 있다는 점을 강조하면서, 최근 몇 년 사이에 유대인 11명이 살해되었다는 사실을(그중 고문당한 사람도 있다고) 상기시키고 있어.

물론 이 모든 게 사실이야. 반유대주의는 유럽 전역에서 나날이 확대되고 있어. 하지만 그것이 단순히 이슬람주의자들의 테러리즘 때문만은 아니란다. 가령 독일에서는 반유대주의 사건이 한 해 590건에서 947건으로 두 배 가까이 늘어났지. 네오나치즘(제2차 세계대전 이후 나치즘을 신봉하고 그 부활을 도모하는 극우적인 사상_옮긴이)이 오스트리아와 폴란드를 비롯해 유럽 여러 나라에서 일어나고 있어. 심지어 폴란드 사람 51%는 자신의 딸이 유대인과 결혼하는 것에 반대한다고 밝히기도 했고.

이에 반해 프랑스에서는 이슬람주의자들의 반유대주의만을

말하고 있지. 이러한 사실로 보건대, 대놓고 말하고 있진 않지만 그 선언문이 겨냥하고 있는 것은 이슬람이야. 그 증거는 청원서의 서명자들이 "유대인, 기독교인, 비신앙인에 대한 살인과 징벌을 부르는 코란 구절이 이슬람 신학 당국자들에 의해 폐기 선언될 것을 요구한다"고 밝히고 있는 걸 보면 알 수 있어.

무슬림 혐오라는 또 하나의 전선을 만들면서 반유대주의에 맞서 싸우기는 힘들 거야. 그렇게 드러내놓고 말하고 있지도 않고. 하지만 이슬람주의적인 탈선을 이슬람으로 슬쩍 바꿔치기하고 있다는 걸 우리는 잘 알아야 해.

이후 30여 명의 이슬람교 지도자(이맘imam)가 반유대주의에 맞서 싸우겠다는 내용의 논단을 실어 그 청원서에 응답했어. 누가 희생되는지와 상관없이 인종주의에는 일단 맞서 싸워야 한다는 점을 재확인한 거야. 인권선언 제1조는 분명하게 말하고 있어. "모든 사람은 자유롭게 태어나 살며 권리에 있어서 평등하다"라고.

인종주의에 맞선 싸움은 부단히 지속되어야 하는 투쟁이란다. 이 싸움은 우리가 해야 할 모든 것에 수반되어야 하고, 모든 인종주의 가운데 특정한 인종주의만을 더 경계하는 일은 피해야 해. 모든 인간 존재는 존엄성의 권리와 그걸 존중받을 권리가 있어.

프랑스 하원은 그 어떤 것도 '인종'이라는 말을 과학적으로 규정할 수 없다고 판단하고, 2018년 6월 27일 법제사법위원회의 투표를 통해 프랑스공화국 헌법에서 '인종'이라는 말을 삭제하는 행동에 착수했어. 그렇게 프랑스는 인종이라는 말이, 피부색을 비롯하여 그 어떤 유전적 특징에 따라 인간을 구별하기 위해 사용될 수 없다는 점을 분명히 한 거야.

프랑스 하원의 이 결정은 지난 20년 동안 일어난 일들 가운데 가장 위대한 일로, 인종주의자들 스스로 차별하고 배제할 근거를 없앤 거야. 인종주의자들은 인류가 여러 인종으로 구성되어 있다고 주장하면서도, '백인종'이 다른 인종보다 우등하다고 암시함으로써 자기들의 편견을 확신하며 실현시키려고 애쓰거든. 하지만 인류는 하나일 뿐이야. 수십억의 서로 다른 얼굴로 이루어진 다양성 위에 있는….

한편, 수년 전부터 시리아와 이라크 전쟁을 피해 유럽 전역으로 밀려 들어오고 있는 난민 문제는 프랑스를 더욱 곤란한 상황에 놓이게 했단다. 프랑스 정부는 난민 보호 관련법을 엄격히 하면서, 이 나라에서 저 나라로 바다 위를 떠돌고 있는 난민 구조를 거부하고 있어. 그렇게 프랑스는 훌륭한 전통 중의 하나인 '난민 보호처 프랑스'라는 명제에 등을 돌렸어.

동시에 '정체성의 세대'라고 불리는 운동이 생겨났지. 주로 젊은이들에 의해 구성된 이 운동은 '외국인의 침입'에 맞서 싸운다고 주장하면서 백인과 가톨릭의 프랑스를 강하게 요구하고 있어. 이 젊은이들은 국경을 감시하면서 내무부 장관에게 자신들의 권고를 따르도록 압박하는데, 이런 외침은 불관용의 압력에 의해 퇴영과 자기 폐쇄로 가는 위험한 변화에 지나지 않는단다.

메리엠,

너도 보았다시피 인종주의는 사라지기는커녕 갈수록 끈질기게 살아남아 있구나. 지금도 온갖 인종주의적 말들이 마구 쏟아져나오고 있어. 그 과녁은 오직 이주민들에 맞춰져 있고, 그중에서도 특히 무슬림 이주민들을 겨누고 있지.

반유대주의 또한 계속 살아 있어. 유럽에 기반한 것이든, 이슬람주의 지하드주의자들에 의해서든, 또는 불우한 교외 지역의 길 잃은 양들에 의해서든 그 소산으로 계속 살아 움직이고 있는데, 불안한 환경을 조성해 일부 유대 가족들을 이스라엘로 이주하도록 몰아붙이고 있어.

이제 프랑스는 마음을 진정하고, 공화주의의 가치와 환대, 보호의 전통을 되찾아야 해. 그 무엇도 공동체 간 갈등을 부추기는 데 사용되어선 안 돼. 인종주의는 모든 시민과 관련된 일이니까. 그가 어디 출신이든, 어떤 종교를 믿든, 어떤 피부색이든, 어떤 꿈과 동경을 갖고 있든 상관없이 말이지.

2018년 7월

타하르 벤 젤룬

1997년 2월 22일, 나는 외국인의 프랑스 입국과 거주를 까다롭게 한 '드브레법'에 반대하는 시위 대열에 딸과 함께 참여하면서 이 책을 쓸 생각을 하게 되었다. 당시 열 살이던 딸은 나에게 많은 질문을 던졌다. 왜 우리가 시위를 하는지, 몇몇 구호들이 갖는 의미는 무엇인지, 또 그렇게 항의하며 거리를 행진하는 것이 무슨 소용이 있는지 등에 대해 알고 싶어 했다.

우리의 대화는 인종주의에까지 이르렀다. 딸의 질문과 반응을 떠올리며 나는 한 편의 글을 작성했다. 처음에 우리는 그 글을 함께 읽었는데, 나는 거의 다시 써야 했다. 복잡한 단어를 바꾸고 어려운 개념을 보다 이해하기 쉽게 설명해야 했다.

새로 쓴 글을 딸아이의 두 친구와 함께 다시 읽어보았고, 그들의 반응은 매우 흥미로웠다. 나는 그 뒤 다시 글을 고쳐 쓰면서 그들의 반응을 참고했다.

이 책은 적어도 열다섯 번에 걸쳐 다시 쓴 셈이다. 단순 명료함과 간결함 그리고 객관성이 필요했다. 나는 이 책을 만 여덟 살부터 만 열네 살까지 청소년을 주 대상으로 썼지만, 모든 사람들에게 이 글이 다가가기를 바란다. 아이를 둔 부모라면 누구나 이 책을 읽을 수 있을 것이다.

나는 인종주의에 반대하는 투쟁이 교육과 함께 시작되어야 한다는 원칙에서 출발했다. 아이들은 가르칠 수 있지만 어른들은 그렇지 않다. 그런 까닭에 이 텍스트는 교육적인 고려 속에서 탄생했다.

친절하게도 이 책을 검토하고 지적해준 친구들에게 감사한다. 또 질문지를 작성하는 데 참여해준 메리엠의 벗들에게도 고마움을 전한다.

1998년

1장
첫 번째 대화

인종주의는
지옥이야

그런데 아빠, 인종주의가 뭐예요?

인종주의란 일종의 행동양식으로, 모든 사회에 공통으로 널리 퍼져 있는 현상이란다. 안타깝게도 어떤 나라에서는 사람들이 인종주의를 의식조차 하지 못할 정도로 그 의미가 모호해졌지. 쉽게 말해 인종주의란, 우리와 다른 육체적·문화적 특징을 지닌 사람들을 경계하고 멸시하는 것을 말한단다.

모든 사회에 '공통으로'라고 말씀하셨는데, 그건 정상적이라는 뜻인가요?

그렇진 않아. 어떤 행동이 흔하다고 해서 꼭 정상적인 것은 아니야. 일반적으로 사람들은 자기와 다른 사람들, 예를 들어 외국인을 경계하는 경향이 있어. 이건 인간이 존재해온 만큼이나 오래된 행동양식이야. 세계적인 현상이기도 하지. 모든 사람들에게 영향을 끼친단다.

모든 사람들에게 영향을 끼친다면, 저도 인종주의자가 될 수 있겠네요!

우선, 아이들의 자연적 본성은 인종주의와 아무 관련이 없다는 점을 분명히 하고 싶구나. 어떤 아이도 인종주의자로 태어나지 않아. 그 아이의 부모나 주위 사람들이 인종주의에 관한 생각을 머릿속에 심어주지 않는다면 인종주의자가 될 이유가 전혀 없지. 예를 들어 어떤 사람들이 너에게 '흰 피부를 가진 사람이 검은 피부를 가진 사람보다 우월하다'고 가르쳤는데, 네가 그런 주장을 진지하게 받아들인다면 넌 흑인에게 인종주의적인 행동을 취할 수 있게 되는 거야.

우월하다는 게 뭐죠?

그건 말이지, 가령 우리가 흰 피부를 가지고 있기 때문에 검은색이나 노란색의 다른 피부색을 가진 사람들보다 더 똑똑하다고 믿는 거야. 사람들 몸의 물리적 특징은 우리 각자를 다르게 보이게 할 뿐, 그 어떤 불평등도 의미하는 게 아니거든.

아빠 생각엔 저도 인종주의자가 될 수 있을 것 같아요?

가능한 일이지. 모든 건 네가 받을 교육에 달려 있어. 이 점을 미리 알고 인종주의자가 되지 않도록 세심한 주의를 기울이는 게 좋겠지. 달리 말해, 아이나 어른 할 것 없이 어느 날 갑자기 자기한테 아무런 잘못도 저지르지 않았는데, 단지 자신과 다르다는 이유로 누군가를 거부하는 감정과 행동을 취할 수 있다는 생각을 자연스레 받아들이자는 거야. 이건 흔히 일어나는 일이란다. 우리들 중 누구라도 한순간에 나쁜 행동에 휘말리거나 나쁜 감정을 품을 수 있어. 우리는 친숙하지 않은 존재에 대해 신경을 곤두세우곤 하지. 우리는 그 낯선 존재보다 우리가 더 낫다고 생각하기도 하고, 자신이 그에 비해 우월하다거나 열등하다는 감정을 가지면서 그를 거부할 수도 있어. 우리는 그를 이웃으로는 물론이고 친구로서는 더더욱 받아들이려 하지 않아. 단지 우리와 다른 존재라는 이유 때문에 말이야.

다르다고요?

그래, **다름**은 비슷한 것이나 동일한 것의 반대말이야. 가장 먼저 드러나는 다름은 성性이지. 남자는 여자와 다르다고 느끼거든. 그 반대도 마찬가지고. 이러한 차이와 관련될 때는 일반적으로 서로에 대한 끌림이 있단다. 여기서 우리가 '다른'이라고 말할 때의 다른 사람은, 우리와 다른 피부색을 갖고 있고, 다른 언어를 사용하고, 우리와 다른 음식을 먹고, 저마다 관습이 다르고, 다른 종교를 믿고, 우리와 다른 축제를 즐기는 사람을 말하는 거야. 그러니까 신체적인 외모에 의해 드러나는 차이(키, 피부색, 얼굴 생김새 등)가 있고, 그다음에 행동양식이나 사고방식, 종교, 문화 등의 차이가 있지.

그렇다면 인종주의자들은 자기 것이 아닌 언어나 음식, 색깔은 안 좋아하나요?

아니, 꼭 그런 건 아니야. 어떤 인종주의자는 일이나 여가생활에 필요한 다른 나라 말을 잘 구사하고 열심히 배우기도 하지. 그렇지만 그 언어를 사용하는 사람들에 대해서는 부정적이거나 옳지 않은 판단을 내릴 수 있어. 마찬가지로 외국인 대학생, 예를 들어 베트남 출신 대학생한테 방을 임대하는 걸 거절하는 한편으로, 아시아 식당에서 밥 먹는 걸 좋아할 수도 있지. 인종주의자는 자신과 아주 다른 모든 것이 자신의 평온함을 위협한다고 생각하는 사람이야.

위협을 느끼는 사람이 인종주의자라고요?

그래, 자신과 비슷하지 않은 사람을 만나면 두렵기 때문이야. 인종주의자는 열등감이나 우월감의 콤플렉스에 시달리는 사람이거든. 이 둘은 똑같은 결과에 이르는데, 그의 행동은 두 경우 모두 '멸시'를 바탕에 깔고 있지.

그가 두려워한다고요?

인간이라는 존재는 늘 안심하고 싶어 하거든. 말하자면, 인간은 자신이 가진 확신을 어지럽게 만들 위험이 있는 것을 그다지 좋아하지 않아. 그래서 새로운 것을 불신하는 경향이 있어. 또 미지의 것들을 두려워하기도 해. 사람들은 종종 어둠 속에 있는 것을 두려워해. 모든 불이 꺼진 어둠 속에서 우리에게 무슨 일이 일어날지 알 수 없기 때문이야.

우리는 흔히 미지의 것에 대해 보호막이 없다고 느껴. 그래서 아무 이유도 없이 끔찍한 일들을 상상하게 되는 거야. 논리적이지 않은 일이지. 때때로 공포를 불러일으킬 만한 것이 아무것도 없는데도 우리는 두려워해. 왜 그럴까 하고 이치에 맞게 따져보려고 해도 소용없어. 우리는 실제로 위협이 존재하는 양 반응하는 거야. 인종주의란 정당하거나 이성적인 게 아니란다.

아빠, 만일 인종주의자가 뭔가를 '두려워하는 사람'이라면, 외국인을 좋아하지 않는 정당의 대표라는 사람(프랑스 극우 정당인 '국민전선'의 장 마리 르 펜을 말함_옮긴이)은 항상 두려워해야 하잖아요? 그런데 그 사람이 텔레비전에 나올 때마다 두려워하는 건 오히려 저인걸요! 그 사람은 늘 화난 표정으로 윽박지르고 기자들을 협박하면서 주먹으로 책상을 마구 내리쳐요.

그래, 네가 말하는 그 당 대표는 그 같은 공격성으로 널리 알려진 정치인이야. 그의 인종주의는 폭력적인 방식으로 표현되고 있지. 그는 세상사에 관해 잘 모르는 사람들에게 두려움을 심어주려고 거짓된 주장들을 펴고 있어.

그는 사람들의 두려움을, 가끔은 현실이기도 한 두려움을 활용하지. 가령 그는 이주민들이 프랑스인들의 일자리를 빼앗고, 생활 보조금을 타내고, 또 병원에서 무상치료 혜택을 받기 위해 프랑스에 온다고 사람들에게 말하곤 해. 하지만 그건 사실이 아냐. 이주민들은 주로 프랑스인들이 꺼리는 일을 도맡아서 하고 있어. 그들도 세금을 내고 사회보험료를 내고 있어. 그들도 아플 때는 치료받을 권리가 당연히 있는 거야. 불행한 가정이지만, 내일이라도 당장 이주민들을 모두 추방해버린다면 이 나라 경제는 무너지고 말 거야.

알겠어요, 아빠. 인종주의자는 아무 이유 없이 두려워하는 겁쟁이네요.

인종주의자는 이방인을 두려워해. 즉, 자신이 잘 알지 못하는 사람을 경계하고 두려워하는 거야. 특히 그 이방인이 자신보다 가난할 경우엔 더 그렇지. 그는 미국의 억만장자보다 아프리카 노동자를 훨씬 더 경계해. 그런가 하면 아랍의 왕족이 휴가 차 프랑스 남쪽 해변의 휴양지를 찾기라도 하면 오히려 두 팔 벌려 그를 환영해. 왜냐하면 그가 환대해 마지않는 것은 아랍인이 아니라,

돈을 쓰러 온 부자니까.

이방인이 뭐죠?

'이방인étranger=stranger(에트랑제)'이라는 말은 외부·바깥을 의미하는 '이방의étrange=strange'라는 단어에서 온 거란다. 한마디로 가족 구성원이 아닌 사람, 씨족이나 부족에 소속되지 않은 사람을 가리키는 말이야. 멀든 가깝든 다른 나라에서 온 사람, 때로는 다른 도시나 마을에서 온 사람을 이르기도 해. 이것이 외국인이나 외국에서 들어온 것에 대해 적대적 태도를 뜻하는 '**제노포비아** xénophobie'라는 말을 생기게 했지. 오늘날 '이방의'라는 단어는 이상한 것, 우리가 익숙하게 접하는 것과 아주 다른 것을 가리킨단다. '괴상한bizarre'이라는 비슷한 뜻도 있지.

그럼 제가 노르망디 지방에 사는 친구 집에 가면 이방인이 되는 건가요?

그 지역 주민들한테는 아마도 그렇겠지. 넌 바깥에서, 그러니까 파리에서 온 사람이고 모로코인이니까. 우리가 세네갈에 갔을 때 기억나니? 그때 우리는 세네갈 사람들한테 이방인이었던 거야.

하지만 세네갈 사람들은 저를 두려워하지 않았는데요? 저 역시 그들이 두렵지 않았고요.

그래. 그건 네 엄마와 내가 평소 너에게 이방인을, 그 이방인이 가난하든 부자든, 키가 크든 작든, 백인이든 흑인이든 두려워해선 안 된다고 말해주었기 때문일 거야. 잊지 말아야 해! 우리 자신도 항상 누군가에게는 이방인이라는 것을. 다시 말해, 우리 또한 우리와 다른 문화를 가진 사람들한테는 낯선 사람으로 받아들여질 수밖에 없단다.

그런데요, 아빠. 인종주의가 왜 세계 거의 모든 지역에서 나타나고 있는지 저는 아직도 이해하지 못하겠어요.

'원시사회'라고 불리는 아주 오래된 사회에서 인간은 동물에 가까운 행동양식을 갖고 있었어. 가령 고양이는 우선 자기 영역을 표시해. 만약 다른 고양이나 다른 동물이 자기 영역을 침범해 먹이를 훔치려 하거나 새끼들을 해치려고 하면, 그 영역이 자기 것이라고 느끼는 녀석은 모든 발톱을 세워 스스로를 방어하고 자기 것들을 지키려고 하지.

사람도 마찬가지란다. 자신의 집과 땅과 재산을 소유하고 싶어하고, 그것들을 지키려고 싸우는 거야. 이건 지극히 정상적인 일이야. 하지만 인종주의자는 이방인이 누구든지 자기 재산을 빼앗을 거라고 생각해. 생각해보지도 않고 거의 본능적으로 이방인을 경계하는 거야. 동물은 자신이 공격받을 때만 맞서 싸우는 데 반해, 인간은 자신의 그 어떤 것이든 강탈할 의도가 없는 이방인까지 공격하려 들지.

아빠는 그런 일이 모든 사회에서 나타나는 일반적인 일이라고 보
세요?

널리 퍼져 있다는 의미에서 일반적이라고 말할 수 있지만, 정상
적인 건 아냐. 물론 인간은 오랫동안 그렇게 행동해왔어. 본성의
지배기를 거치고 나서 '문화'가 등장했지. 달리 말하면, 우리에게
는 성찰도 없고 이성적인 사유 과정도 없는 행동양식이 있는가
하면, 교육과 학교, 이성적인 사유 과정을 통해 습득한 행동양식
이 있는 거야. 그게 바로 우리가 '본성'에 대비해서 '문화'라고 부
르는 거란다. 문화를 통해 우리는 더불어 사는 법을 배워. 무엇보
다도 우리가 이 세상에서 유일하지 않다는 것, 다른 전통과 다른
생활양식을 가진 사람들이 존재하고, 그들의 진통과 생활양식 또
한 우리 것만큼 가치 있다는 점을 배우는 거란다.

문화에 의해서라면, 그러니까 아빠가 교육이라고 말하고 싶어 한
문화에 의해서라면, 인종주의도 결국 우리가 배우는 것에서 온다
는 건가요?

우리는 인종주의자로 태어나지 않아. 인종주의자가 되는 거야.
이를테면 좋은 교육과 나쁜 교육이 있는 셈이지. 그러니까 모든
것은 학교에서든 집에서든 가르치는 사람에게 달렸어.

그렇다면 차라리 아무 교육도 받지 않은 동물이 인간보다 더 낫겠어요!

동물에겐 미리 설정된 감정이 없다고 할 수 있지. 그와 달리 인간은 **선입관**이라는 걸 가지고 있어. 다른 사람을 알기도 전에 미리 판단해버리는 거지. 그들이 어떤 사람인지, 가치가 있는 사람인지 미리 알 수 있다고 믿는 거야. 그런 믿음이 꼭 들어맞는 건 아닌데, 두려움은 바로 거기서 나와. 인간이 때때로 전쟁을 벌이는 것도 그런 두려움을 이겨내기 위해서야. 너도 알다시피 어떤 사람이 뭔가를 두려워한다는 게 곧 그가 두려워 떨고 있다는 걸 의미하는 것은 아니잖니? 오히려 그런 두려움은 공격성을 자극하게 만들어. 위협을 느끼면 먼저 공격하는 거야. 그래서 인종주의자는 공격적이지.

그렇다면 전쟁이 일어나는 건 인종주의 때문인가요?

어떤 경우의 전쟁은 그래. 그 밑바닥에는 다른 사람들의 것을 빼앗으려는 의지가 자리 잡고 있어. 사람들로 하여금 혐오감을 갖게 하고, 서로 알지 못하는 사이인데도 싫어하게 만들기 위해 인간은 인종주의나 종교를 활용해. 그런 가운데 이방인에 대한 두려움, 그가 나의 집과 직장, 아내를 빼앗아갈지도 모른다는 두려움이 자라나는 거야. 두려움을 키우는 것은 바로 무지無知란다. 나는 그 이방인이 누군지 모르고, 그 역시 내가 누군지 모르는데 말이야.

가령 우리 이웃에 사는 사람들을 한번 볼까? 너도 느꼈을 테지만, 그들은 오랫동안 우리를 경계하지 않았니? 우리가 그들을 초대해 쿠스쿠스(북아프리카 전통 요리_옮긴이)를 함께 먹으며 대화를 나누기 전까지 말이다. 그제야 비로소 그들도 우리가 자기들과 다르지 않다는 걸 깨달은 거지. 우리가 다른 나라인 모로코 출신임에도 불구하고, 그들 눈에 우리가 더 이상 위험해 보이지 않게 된 거야. 그들을 초대함으로써 그들이 갖고 있는 경계심을 허물어버린 거지. 우리는 서로 이야기를 나누고, 그렇게 서로를 조금 더 잘 알게 되면서 함께 웃을 수 있었어. 서로가 서로에게 편안함을 느낀 덕분이지. 예전에는 계단에서 마주치더라도 겨우 눈인사 나누는 정도에 지나지 않았는데 말이야.

그러니까 인종주의에 맞서 싸우려면 서로가 서로를 초대해야겠네요!

그래, 그것도 좋은 생각이구나. 서로 알아가기 위해 대화를 나누고 함께 웃는 것을 배우는 것, 서로의 기쁨과 고통까지도 함께 나누려고 노력하는 것, 우리 역시 그들과 똑같은 고민거리와 문제들을 가지고 있다는 걸 드러내는 것, 바로 이런 것들이 인종주의를 사그라지게 만드는 거야.

여행도 사람들을 더 잘 이해할 수 있는 좋은 방법 중 하나야. 일찍이 프랑스의 사상가 몽테뉴(1533~1592)는 프랑스 사람들한테 여행을 통해 차이점을 관찰하라고 충고했어. 그에게 여행은 "우리의 두뇌를 다른 사람의 두뇌와 비비고 다듬는" 최고의 수단이었지. 이처럼 자신을 잘 알기 위해선 남을 잘 알아야 하는 거야.

인종주의는 항상 있었나요?

인간이 존재한 이후, 시대마다 그 형태를 달리하면서 계속 인간과 함께했지. 아주 먼 과거인 선사시대에도, 어느 소설가가 '불의 전쟁'의 시대라고 불렀던 때에도 인간은 하잘것없는 무기나 단순한 몽둥이 따위를 가지고 영토나 오두막집, 여자, 식량 등을 빼앗으려고 서로 공격했어. 그래서 사람들은 침략에 대비해 변경에 요새를 쌓고 무기를 벼렸어. 인간은 이처럼 자신의 안전에 집착하게 마련인데, 이런 집착이 이웃을, 이방인을 두려워하도록 만드는 거야.

인종주의가 전쟁인가요?

전쟁이 일어나는 데는 여러 이유가 있는데, 가장 많은 경우가 경제적인 이유로 일어나. 그렇지만 어떤 전쟁은 경제적인 이유뿐 아니라, 다른 집단보다 우월하다는 잘못된 가정 때문에 일어나기도 해. 하지만 '본능'의 지배 아래 있는 이런 면들을 이성의 작용과 교육을 통해 극복할 수 있어. 그러기 위해선 이웃이나 이방인을 두려워하지 않겠다는 의지가 있어야겠지.

그렇다면 우린 뭘 할 수 있을까요?
배우고, 서로 가르치고, 성찰하고, 모든 것을 이해하려고 노력하고,
인간에게 영향을 미치는 모든 것에 대해 호기심과 관심을 기울이
고, 인간의 원초적 본능이나 충동 따위를 조절하는 것 등이 있겠지.

충동pulsion이 뭐예요?
생각해보지도 않은 채 어떤 목적을 향해 나아가는 행동을 말해.
이 단어는 '반감répulsion'이라는 말을 만들어냈는데, 적을 몰아내
거나 누군가를 바깥으로 쫓아버리는 구체적인 행동을 가리키지.
즉, 반감이란 혐오감을 뜻하기도 해. 그건 아주 부정적인 감정을
표현한단다.

인종주의자는 이방인에게 혐오감을 느끼기 때문에 그들을 밖으
로 밀어내는 건가요?
그렇단다. 인종주의자는 자신이 위협받는 것도 아닌데, 단지 마
음에 들지 않는다는 이유로 이방인을 쫓아내는 거야. 그리고 그
러한 폭력적인 행동을 정당화하기 위해 적당한 핑곗거리를 만들
어내지. 때로는 과학을 이용해서라도 말이야. 하지만 과학은 결
코 인종주의에 정당성을 주지 못해. 그들은 과학이라는 이름으

로 터무니없는 이론을 들고 나오는데, 과학이 반대할 수 없는 탄탄한 증거를 제공한다고 믿기 때문이지. 하지만 인종주의에는 그 어떤 과학적 근거도 없단다. 사람들이 **차별**의 이념을 정당화하기 위해 아무리 과학을 이용하려고 애쓴다 할지라도 말이지.

차별이란 뭘 말하는 거죠?

하나의 사회집단이나 종족을 나쁘게 취급하면서 다른 집단에서 분리시키는 것을 말해. 예를 들자면, 한 학교의 행정 담당자가 흑인 학생들의 학습 능력이 다른 아이들에 비해 떨어진다고 여겨 한 학급에 몰아넣는 일과 같은 거야. 다행히도 프랑스 학교에는 이런 차별이 없지만, 미국이나 남아프리카공화국에서는 실제로 이런 일이 있었어. 종족에 의한 것이든 종교에 의한 것이든, 하나의 공동체를 다른 사람들로부터 고립시켜 그들끼리 따로 살도록 강요하는, 이른바 '**게토**ghetto'라는 걸 만들기도 했단다.

그건 일종의 감옥인가요?

'게토'라는 말은 이탈리아의 베네치아 앞에 있는 작은 섬의 이름이야. 1516년에 베네치아에 살고 있던 유대인들이 다른 공동체로부터 분리되어 이 섬으로 보내졌어. 그런 점에서 게토란 감옥의 한 형태라고도 할 수 있지. 어쨌거나 그건 차별이야.

인종주의자들이 내세우는 과학적 증거에는 무엇이 있나요?

그런 건 없어. 그렇지만 인종주의자는 외국인이 열등한 인종에 속한다고 스스로 믿거나 다른 사람으로 하여금 믿도록 만든단다. 하지만 그것은 완전히 잘못된 거야. 인간에겐 오직 하나의 종밖에 없고 그뿐이야. 그것을 인종이라고 부르든, 동물의 '류類'에 빗대어 인류人類라고 부르든 마찬가지야. 동물의 경우, 하나의 류와 다른 류 사이에 차이가 엄청 크단다. '개' 류와 '소' 류가 다르듯이 말이다. 또 '개' 류 안에는 차이가 큰 개들이 있어서(가령 독일의 '셰퍼드'와 다리가 짧은 사냥개인 '테리어'의 사이처럼) '종種'이 다르다고 말할 수는 있어. 하지만 인류에겐 불가능해. 모든 인간은 동등하기 때문이야.

하지만 아빠, 우리는 보통 백인종, 흑인종, 황인종이라고 분리해서 말하잖아요? 학교에서도 자주 그렇게 말해요. 선생님은 지난번에 아프리카 말리에서 온 압두가 흑인종이라고 이야기했는걸요?

만일 너희 선생님이 정말 그렇게 말씀하셨다면 잘못 말한 거야. 참으로 유감스럽지만 말이다. 네가 선생님을 좋아하는 건 잘 알지만, 아빠 생각에 그분은 실수를 저질렀는데 그걸 자각하지 못한 것 같구나. 아빠 얘기를 잘 들어보렴. **여러** 인종이란 건 존재하지 않아. 인류만이 존재할 뿐이야. 그 속에 남자가 있고 여자가 있으며, 피부색이 검거나 흰 사람, 키가 크거나 작은 사람 등 서로 다르고 다양한 소질을 지닌 사람들이 있을 뿐이란다.

동물에는 여러 종이 있어. 하지만 인간의 다양성을 말하기 위해 '인종'이란 말을 사용해선 안 돼. '인종'은 과학적인 근거가 없는 말이야. 그것은 외면에 나타나는, 즉 신체적 차이를 강조하기 위해 사용한 말일 뿐이야. 그러니까 우리에겐 다른 사람에 비해 우등한 사람이 있다고 간주하면서 그 다른 사람을 열등 계급으로 규정하기 위해, 즉 인류를 위계적으로 분류하기 위해 신체적 차이(피부색, 키, 얼굴 모습)에 근거를 둘 권리가 없단다.

달리 말해, 우리가 하얀 피부를 가지고 태어났다는 이유로 유색인들에 비해 더 많은 장점을 지니고 있다고 믿거나, 그렇게 믿도록 할 권리가 없다는 거야. **아빠는 네가 '인종'이라는 말을 더 이상 사용하지 않기를 원해.** 이 말은 너무나 악의를 품은 사람들에 의해 남용되어왔기 때문에 '인류'라는 말로 대신하는 것이 좋아. 인류는 다양하면서 서로 다른 집단들로 이루어져 있지만, 지상의 모든 남자와 여자는 피부색이 분홍색이거나, 하얗거나, 검거나, 갈색이거나, 노랗거나, 또 다른 어떤 색깔이거나 모든 사람의 혈관에는 똑같은 색깔의 피가 흐르고 있어.

왜 아프리카 사람들은 피부가 검고 유럽 사람들은 하얀 거죠?

피부가 짙어지는 것은 **멜라닌**melanin이라 불리는 색소 때문이야. 이 색소는 모든 인간에게 있어. 아프리카인들은 단지 유럽인이나 아시아인에 비해 그들의 신체기관이 더 많은 양의 색소를 생산해 내는 것뿐이야.

그렇다면 제 친구 압두는 더 많은 그….
그래, 멜라닌. 그건 염료 같은 거야.

그러니까 압두는 저보다 더 많은 멜라닌을 만들어낸 것뿐이군요. 아빠, 우리 모두가 똑같은 붉은 피를 가지고 있다는 건 저도 알아요. 하지만 엄마가 지난번에 병원에서 피가 필요했을 때 의사 선생님이 아빠하곤 피 종류가 다르다고 했잖아요.
그래, 여러 가지 **혈액형**이 존재하지. A형, B형, O형, AB형 네 가지가 있어. O형은 모든 사람에게 피를 줄 수 있고, AB형은 모두한테서 피를 받을 수 있지. 이것은 우월성이나 열등성과는 아무 상관이 없어. 차이라는 건 문화(언어, 관습, 의식, 음식 등)에 있는 거야. 모로코인인 엄마가 엄마의 베트남 친구인 탐에게서 헌혈을 받았던 일 기억하지? 두 사람은 같은 혈액형을 가지고 있거든. 그렇지만 두 사람은 아주 다른 문화권 출신인 데다가 피부색이 같지도 않아.

그러니까 언젠가 제 친구 압두가 피를 필요로 한다면 제가 그 애한테 수혈해줄 수도 있겠네요?

만일 너희 둘이 같은 혈액형을 가지고 있다면 그렇지.

언젠가 텔레비전에서 한 남자가 흑인들은 두뇌가 작은 데 비해 백인은 두뇌가 커서 지능이 더 높다고 말하는 걸 본 적이 있어요. 어리석은 말이야. 내 생각에 그 사람은 1994년에 미국의 심리학자와 사회학자 그룹이 발표했던 작업 결과를 참조한 것 같구나. 거기서 그들은 "흑인은 백인과 같은 지적 역량을 갖고 있지 않다"고 주장했지. 그런데 그건 19세기부터 시작된 오래된 이야기야. 인종주의를 정당화하기 위해 어떤 사람들은 한 사람의 지능지수IQ가 그의 피부색이나 두개골의 형태에 따라 다르다는 것을 증명하려고 실험을 하거나 데생을 사용하기도 하지. 하지만 진실은 그런 것과 아무 상관이 없단다. 먼저 두뇌 용량은 모든 개인들에게 똑같아. 두뇌 용량이 똑같다는 게 모든 사람이 같은 지능, 같은 IQ를 갖고 있다는 걸 말하는 건 아냐. 지능은 사람의 신체적 특징과는 전혀 상관없는 다른 요인에 속해.

베르나르 앙드리외는 자신의 책《두뇌Le Cerveau》에서 알프레드 비네(1857~1911)의 연구 결과를 인용했어. 알프레드 비네는 소르본대학의 심리학연구소장을 지냈는데, 여러 연구 끝에 이런 결론을 내렸어. "지능이 뛰어난 학생들의 두뇌 크기는 지능이 가장 뒤떨어지는 학생들의 그것과 1밀리미터의 차이도 없다"고 말이야. 머리의 크기를 재는 것으로 지능을 잰다는 생각 자체가 어리석기

짝이 없는 거야.

그럼에도 또 다른 심리학자나 생물학자들은 육체노동자나, 아프리카와 일부 라틴아메리카 지역 출신 사람들이 간부 사원이나 부유한 나라의 주민들, 백인들보다 IQ가 낮다는 것을 믿게 하려고 계속 애쓰고 있어.

M. 터먼이라는 미국인은 1916년에 흑인과 미국의 남서지방에 사는 스페인계 인디언 및 멕시코 가족을 대상으로 조사한 결과 "70과 80 사이의 IQ 빈도가 높다"고 했어. 그는 "그들은 추상적 주제를 이해하기는 불가능하지만, 그들을 괜찮은 노동자로 만들 수는 있다"고도 썼지. 히틀러가 등장하기 전에, 이 사람은 그런 사람들이 아이를 낳는 걸 막아야 한다는 주장까지 펼쳤어. 1920년에 그는 기이이 미국에서 지능이 떨어진다고 간주된 사람들에 대한 단종斷種을 허용하는 법안을 통과시키는 데 성공했지. 이 법은 1972년이 되어서야 폐기되었단다!

인종주의자는 어떤 사람인가요?

인종주의자는 자기와 피부색이 다르고 같은 언어를 쓰지 않으며 같은 축제 풍습을 갖고 있지 않다는 이유로 다른 사람보다 자기가 더 낫다고 믿는 사람이지. 그는 여러 인종이 존재한다는 걸 완강하게 믿으면서 "내 인종은 아름답고 고귀하고, 다른 인종들은 추하고 야만적이다"라는 말을 해.

더 나은 인종이란 없는 건가요?

그렇단다. 18세기와 19세기에 역사학자들은 이른바 흑인종으로 상정된 사람들에 비해 육체적·정신적으로 우월한 백인종이 존재하다는 것을 증명하려고 시도했어. 당시에 사람들은 인류가 여러 인종으로 나뉘어 있다고 믿었거든.

에르네스트 르낭(1823~1892)이라는 역사학자는 아프리카 흑인들과 오스트레일리아 원주민들, 아메리카 인디언들을 '열등 인종'에 속한다고 보았어. 그에게 "흑인과 인간의 차이는 당나귀와 말의 차이와 같은 것"이었어. 즉, 흑인은 "지성과 아름다움이 결여된 사람"이라는 거야! 그렇지만 혈액을 전문적으로 연구한 한 교수는, "동물계에서 순수한 종種이란 실험용 쥐처럼 실험적 상태로 연구실에서만 존재할 수 있다"고 말했어. 그는 "중국인과 말리인, 프랑스인 사이에는 유전적 차이보다 사회문화적 차이가 더 크다"라고도 설명했지.

사회문화적인 차이라는 게 뭐예요?

사회문화적 차이란, 인간이 사회에서 조직되는 방식을 통해 한 집단과 다른 집단을 구별시켜주는 것들(각각의 인간 집단은 그들 나름의 전통과 관습을 가지고 있다는 것을 잊지 말아야 해), 그리고 문화적인 생산물(아프리카 음악이 유럽 음악과 다르듯이)처럼 그 집단들이 창조해낸 것들 사이의 차이를 말하는 거란다. 한 집단의 문화는 다른 집단의 그것과는 달라. 결혼 풍습이라든가 축제 풍습도 마찬가지고.

유전적이라는 건 무슨 말이죠?

'유전적'이라는 말은 유전자들, 그러니까 우리의 신체기관 안에서 유전되도록 하는 요인들을 가리키는 말이야. 하나의 유전자는 하나의 유전되는 단위인 셈이지. **유전**이 뭔지 아니? 그건 부모가 자식들한테 전달해주는 모든 것을 말해. 예를 들면 신체적이고 정신적인 특징이 있지. 신체적 유사함이나 부모님이 갖고 있는 어떤 성격상의 특징들이 그의 자식들한테서 발견될 때, 유전이라는 말로 설명되는 거야.

그렇다면 우리는 유전자보다 우리가 받는 교육에 의해서 더 달라질 수 있다는 건가요?

중요한 사실은 우리는 모두 서로 다르다는 것이란다. 단지 우리들 중 어떤 사람들은 공동의 유전적 특성들을 가져. 일반적으로 그들은 그들끼리 모이게 마련이지. 그들은 살아가는 방식에 의해 다른 집단과 구별되는 하나의 무리를 이룬단다. 그렇게 피부색이라든가 머리카락, 얼굴 생김새 등의 유전적 특성, 또 문화가 서로 다른 여러 인간 집단이 존재하는 거야. 결혼을 통해 그들이 섞이면 '혼혈아'라고 부르는 아이들을 낳게 돼. 일반적으로 혼혈아들은 아름답단다. 혼합이 아름다움을 낳는 거야. 그리고 혼혈은 인종주의에 대한 훌륭한 방패 중 하나가 되지.

만일 우리 모두가 서로 다르다면, 비슷한 게 없다는 건데….
인간은 저마다 유일하단다. 온 세상을 둘러보아도 완전히 똑같은 두 인간은 존재하지 않아. 일란성쌍둥이조차 서로 달라. 인간의 특수성은 그 자신만을 정의하는 정체성을 갖고 있다는 데 있어. 모든 인간은 유일해. 아무도 대신할 수 없어. 가령 공무원은 다른 사람으로 교체할 수 있지만, 완전히 똑같은 인간을 재생산하는 건 불가능해. 그래서 우리 모두는 "나는 너와 같지 않다"라고 말할 수 있고, 또 옳은 말이기도 해. "나는 유일하다"라는 말은 "나는 최고다"를 뜻하는 게 아니라, 단지 각각의 인간은 유일하다는 것을 확인할 뿐이야. 달리 말해, 각자의 얼굴은 유일하고 모방할 수 없는 하나의 기적인 셈이지.

저도 그런가요?
물론이지. 너는 유일해. 압두가 유일하고 셀린이 유일한 것처럼. 이 지구상에 완전히 똑같은 두 개의 지문은 존재하지 않아. 각각의 손가락은 자신만의 고유한 지문을 가지고 있지. 그렇기 때문에 범죄수사 영화에서 본 것처럼, 경찰이 범죄 현장에 있는 사람들을 찾아내기 위해 물건 위에 남겨진 지문을 채취하는 것으로

수사를 시작하는 거야.

하지만 아빠, 지난번 텔레비전에서 두 마리로 만든 똑같은 양을
보여줬잖아요!
우리가 흔히 **복제**라고 부르는 것, 그러니까 어떤 것을 원하는 양
만큼 재생산하는 것에 대해 이야기하고 싶은 것이구나. 그것이
물건인 경우에는 가능한 일이야. 그건 똑같은 방식으로 똑같은
물건을 재생산해내는 기계에 의해서 만들어져. 그렇지만 우리는
그것을 동물에게, 사람한테는 더더욱 행해서는 안 된단다.

아빠 말씀이 맞아요. 저는 우리 반에 두 명의 셀린이 있는 걸 원
치 않아요. 한 명으로 충분해요.
만일 우리가 복사하듯이 인간을 만들어낼 수 있다고 생각해보렴.
세상이 누군가의 손에 의해 통제될 때, 그래서 일부 사람들은 증
식하고 다른 사람들은 제거해버리도록 결정하는 악몽 같은 시나
리오가 만들어지지 않겠니? 실로 무서운 일이란다.

정말 무서운 일이네요…. 저는 가장 친한 친구도 쌍으로 갖고 싶
지는 않아요.
만일 인간에게 복제를 허용한다면, 위험한 사람들이 권력을 장악
하거나 약자들을 제거하는 등 자기 이익에 따라 그걸 악용할지도

모르지. 다행스럽게도, 인간은 유일하고 동일하게 재생산되지 않아. 내가 내 이웃과도, 내 쌍둥이 형과도 동일하지 않기 때문에, 우리가 저마다 다르기 때문에 "풍요로움은 다름 안에 있다"고 말하고 확인할 수 있는 거야.

제가 잘 이해한 건지 모르겠지만요, 인종주의자는 무식하고, 인간은 여러 인종으로 나뉘어 있다고 믿고, 그중에 자기가 속한 인종이 가장 뛰어나다고 생각하기 때문에 이방인을 두려워하는 거, 맞아요?
그래, 그렇지만 그게 전부는 아니란다. 너는 폭력과 다른 사람들을 지배하려는 의지를 놓치고 있어.

하여튼 인종주의자는 착각하고 있는 사람들이네요.
인종주의자는 자기들이 속한 집단, 그러니까 종교나 국가, 언어, 혹은 이 모든 것에 의해 규정되는 그들의 집단이 다른 집단보다 우월하다고 확신하는 이들이란다.

그들은 우월하다는 걸 느끼기 위해 어떻게 하죠?
신체적 조건이나 겉으로 드러나는 외관에 따라, 그리고 문화적인 가치 기준에 따라 태어날 때부터 정해진 불평등이 존재한다고 스스로 믿고, 다른 사람들에게도 믿게 함으로써 자기들이 다른 사람보다 우월하다는 느낌을 갖는 거지. 때로 어떤 사람들은 자신과 같은 행동양식과 감각을 정당화하기 위해 종교에 의지하기도 해. 하긴 모든 종교는 저마다 자신의 종교가 가장 훌륭하다고 믿고, 자기를 따르지 않는 사람들은 잘못된 길을 가고 있다고 선언하는 경향이 있지.

종교가 인종주의적이라고 말씀하시는 건가요?
아니, 종교가 인종주의적인 게 아니라 종교를 믿는 사람들이 때때로 그렇게 행동하면서 인종주의를 품는 거란다.
1095년에 교황 우르바노 2세는 클레르몽페랑(프랑스 중부 오베르뉴 지역에 있는 도시_옮긴이)이라는 도시에서 무슬림들이 불충한 이교도라며 이들에 맞선 전쟁을 일으켰어. 이 때문에 수천 명의 기독교도들이 중동의 나라로 떠났고, 아랍인과 터키인들을 학살했어. 하느님의 이름으로 행해진 이 전쟁은 '십자군 운동'이라고 이름 붙여졌지(기독교의 상징은 십자가, 여기에 맞서는 이슬람교의 상징은 초승달). 11세기와 15세기 사이에 스페인의 기독교도들은 종교적 이유를 내세워 이슬람교도들을 축출하고, 이어서 유대인을 추방했어. 어떤 사람들은 다른 이들보다 자기들이 우월하다는 주장을 정당화하기 위해 경전을 활용하기도 했고. 그래서 이 시기에 종교전쟁이 자주 일어났단다.

하지만 코란은 인종주의에 반대한다고 언젠가 제게 말씀해주셨 잖아요.

그래, 코란은 성경이나 토라(유대교 경전)와 마찬가지로 인종주의에 반대한단다. 모든 경전이 그래. 코란은 신 앞에서 모든 인간이 평등하며, 다만 그들의 신앙의 깊이에 따라 달라질 수 있다고 했어. 토라는 "만일 한 이방인이 너와 함께 머물게 된다면, 결코 그를 박해하지 마라. 그는 너에게 동향인의 한 사람이니라. (…) 너자신처럼 그를 사랑하라"라고 기록하고 있어. 또한 성경은 다음사람들, 즉 그 다른 인간 존재가 네 이웃이든 형제든 또는 이방인이든 가리지 말고 모두 존중하라고 강조했지. 특히 신약성서는 "내가 너희에게 명하는 것은 너희들이 서로를 사랑하라는 것이다" "네 이웃을 네 몸과 같이 사랑하라"고 가르치고 있어. 이처럼모든 종교는 인간들 사이의 평화를 설교한단다. 알라는 코란에서 "우리는 너희들을 남자와 여자 사이에서 창조했노라. 우리는 너희들 사이에서 잘 알고 친하게 지내도록 국민과 종족을 이루게 했노라"(코란 49장 13절)라고 말했어.

만일 우리가 신을 믿지 않는다고 하면요? 때때로 저는 천국과 지옥이 정말로 있는 걸까 스스로한테 물어보곤 하거든요. 그래서 말씀드리는 거예요.

만약 우리가 신앙을 갖고 있지 않다면 신앙인들은 우리를 나쁘게, 아주 나쁘게 보겠지. 일부 광신적인 사람들에겐 적이 될 수도 있어.

지난번 텔레비전에서 어떤 기자는 테러 사건이 발생했을 때 이슬람을 비난했어요. 아빠 생각에 그 기자는 인종주의자인가요?
인종주의자는 아니지만, 무지하고 무능력한 건 분명해. 그 기자는 이슬람과 정치를 혼동하고 있어. 자기들의 투쟁에 이슬람을 이용하는 것은 바로 정치인들이야. 우리는 그런 사람들을 교조주의자라고 부른단다.

그 사람들 역시 인종주의자인가요?
교조주의자들은 광신도들이야. 광신도는 자기가 진리를 움켜쥔 유일한 사람이라고 생각해. 종종 광신과 종교가 함께 움직일 때도 있지. 교조주의자들은 대부분의 종교에서 찾아볼 수 있어. 그들은 스스로 신성한 영혼에 의해 영감을 받았다고 믿고 있어. 눈이 멀 정도로 열정에 사로잡혀 자기들의 신념을 다른 모든 이들한테 강요하려고 하지. 그들은 다른 사람의 삶의 가치를 인정하지 않기 때문에 아주 위험해. 자기가 믿는 신의 이름으로 살인을 저지르는 것은 예사고, 스스로 목숨을 끊기도 해. 많은 사람들이 집단의 지도자들에 의해 세뇌되고 있어. 두말할 것도 없이 그들은 인종주의자들이야.

르 펜을 지지하는 사람들과 같나요?

르 펜은 이방인과 이민자에 대한 혐오, 이슬람교도와 유대인 등에 대한 혐오에 근거를 둔 정당을 이끌고 있어.

혐오의 정당이네요!

그래, 하지만 르 펜을 지지하는 모든 사람을 인종주의자라고 할수는 없어. 사실 아빠는 그게 의문이긴 해. 그렇지 않다면 프랑스에 400만 명이 넘는 인종주의자가 있다는 얘기가 되는데, 너무 많아! 사람들이 그들을 속이고 있어. 혹은 진실을 보려고 하지 않아. 어떤 사람들은 르 펜에게 투표함으로써 자기들의 혼란스러운 심정을 드러내지. 하지만 그들은 방법상 잘못하고 있는 거야.

아빠, 사람들이 더는 인종주의자가 되지 않도록 하려면 어떻게 해야 하죠?

샤를 드골 대통령(2차 세계대전 당시 독일에 맞서 싸우고, 종전 이후 총리와 대통령을 지낸 인물로, 프랑스인들이 가장 존경하는 인물로 꼽힌다_옮긴이)이 말한 것처럼 '위대한 계획'이 필요해! 혐오는 본디 사랑보다훨씬 쉽게 자리를 잡는단다. 잘 알지 못하는 사람을 사랑하기보다는 불신하거나 미워하는 게 더 쉬운 일이거든. 언제나 이러한즉각적인 경향, 앞에서 말한 그 '충동'이라는 것이 거절과 거부로드러나게 한단다.

거절, 거부가 뭐예요?

문을 걸어 잠그는 행위 같은 거야. 이방인이 문을 두드리는데 문을 열어주지 않는 거지. 그가 계속 문을 두드리면 어쩌다 열어주기도 하지만, 머물도록 허락하지는 않아. 다른 데로 가는 게 더 낫겠다고 통고하지. 그를 밀어내는 거란다.

그런 태도가 혐오를 불러일으키나요?

그건 어쩌면, 사람들이 서로에게 갖는 자연스러운 경계심이라고 할 수 있어. 혐오란 심각하고 뿌리 깊은 감정인데, 그것의 반대인 사랑을 전제로 하기 때문이야.

이해가 잘 안 돼요. 무슨 사랑을 말씀하시는 거예요?

자기 자신을 위한 사랑.

자기 자신을 사랑하지 않는 사람도 있나요?

스스로를 사랑하지 않으면 누구도 사랑할 수 없어. 그건 질병과 같고 비참한 일이지. 반대로, 아주 빈번하게 인종주의자는 스스로를 아주 많이 사랑해. 자신을 너무 사랑한 나머지 다른 사람을 사랑할 여지가 없는 거야. 거기서 이기주의가 나온단다.

그렇다면 인종주의자는 아무도 사랑하지 않는 이기주의자로군요.

그는 틀림없이 불행할 거예요! 그건 지옥이에요!

그래, 인종주의는 지옥이야.

지난번에 삼촌이랑 얘기를 나눌 때 아빠가 "지옥, 그것은 다른 사람들이야"라고 말씀하셨는데, 그건 무슨 뜻이에요?

인종주의와는 아무 상관없는 말이었어. 그건 함께 살고 싶지 않은 사람들을 참고 견뎌야만 할 때 쓰는 표현이야.

그러면 인종주의와 같은 거네요.

아니, 꼭 그런 건 아니란다. 모든 사람을 사랑하는 문제가 아니기 때문이야. 만일 누군가가, 예를 들어 소란스러운 네 사촌동생이 네 방에 함부로 들어가서 공책을 찢거나 혼자 놀고 있는 너를 귀찮게 할 때, 녀석을 방 밖으로 쫓아낸다고 해서 네가 인종주의자인 건 아니잖니? 반면에 같은 반 친구, 예를 들어 말리 출신인 압두가 네 방에 들어와 얌전히 있는데 그가 흑인이라는 이유로 그 애를 밖으로 쫓아낸다면 너는 인종주의자인 거야. 이해하겠니?

알겠어요. 하지만 "지옥, 그것은 다른 사람들이야"라는 말은 잘 이해가 안 돼요.

그건 장 폴 사르트르의 희곡《닫힌 방Huis clos》에 나오는 한 구절이야. 세 사람이 죽은 뒤 어느 아름다운 방에 영원히 자리 잡게 되었어. 그들은 함께 살아야만 하고 그로부터 벗어날 길은 아무 것도 없어. 그게 바로 지옥인 거지. 거기서 "지옥, 그것은 다른 사람들이야"라는 표현이 나온 거야.

그건 인종주의가 아니잖아요. 저한테는 모든 사람을 사랑하지 않을 권리가 있어요. 그런데 어떤 경우에 그게 인종주의에서 비롯된 게 아니라는 걸 어떻게 알 수 있죠?

한 인간이 모든 사람을 사랑할 수는 없어. 가령 어떤 사람이 그가 선택하지 않은 사람들과 살아야 한다면, 지옥 같은 데서 살게 되면서 그들의 결점을 발견하게 될 거야. 그러면 인종주의자와 비슷해지겠지. 그런 거부 반응을 정당화하기 위해 인종주의자들은 주로 신체적인 특성을 끌어들여. 그들은 이렇게 말하겠지. 매부리코여서, 고수머리여서, 또는 째진 눈을 가져서 저 사람을 참을 수가 없다고 말이야.

인종주의자가 마음속에 가진 생각은, 이를테면 이런 거야. "한 사람의 개인적 결점이나 장점을 아는 것은 별로 중요하지 않아. 그를 거부하기 위해선 그가 특정 집단에 속해 있다는 것을 아는 것으로 충분해." 그렇게 그 사람을 거부하는 걸 정당화하려고 그의 신체적 혹은 심리적 특성들을 근거로 내세우는 거야.

예를 들어주세요.

흑인들은 "건장하지만 게으르고 게걸스럽고 지저분하다"고, 중
국인들은 "작고 이기적이고 잔인하다"고 말해. 또 아랍인에게는
"음흉하고 공격적이며 비겁하다"고 말한다거나, "이건 아랍식으
로 한 일이야"라고 말하면서 날림으로 해치운 작업을 빗대서 말
하기도 해. 터키 사람들한테는 "강하지만 야만적이다"라고 말하
고, 유대인들한테는 그들에 대한 박해를 정당화하기 위해서 신체
적·도덕적으로 최악의 결점들을 뒤집어씌워. 이런 예들은 수없
이 많아. 흑인들은 백인들한테서 이상한 냄새가 난다고 하고, 아
시아인들은 흑인들이 야만적이라고 하고…. 그러니까 너는 "터
키인 두상"(세상의 웃음거리가 되는 사람을 일컬으며, 희생양, 동네북의 뜻
도 있다_옮긴이) "아랍식의 일" "누런 웃음"(쓴웃음_옮긴이) "깜둥이
노예처럼 고된 일을 하다" 등의 틀에 박힌 표현을 쓰지 않도록
주의해야 해. 뿌리 뽑아야 할 어리석은 말들이야.

그걸 어떻게 뿌리 뽑죠?
우선 존중하는 법을 배워야 해. 존중이야말로 참으로 중요한 거
야. 흔히 사람들은 자기를 사랑해달라고 요구하는 게 아니라, 인
간 존재의 존엄성에 따라 자기를 존중해주기를 요구하지. 존중이
란 경의와 존경을 갖는 것을 말해. 경청할 줄 아는 것이고. 이방
인은 사랑이나 우정을 요구하는 게 아니라 존중을 요구하는 거
야. 사랑과 우정은 서로가 서로를 충분히 알아가면서 서로를 인

정한 이후에 생길 수 있는 거잖니? 처음부터 미리 결정된 어떤 판단을 가져서는 안 돼. 달리 말하면, 어떠한 편견도 가지고 있어서는 안 된다는 거야. 인종주의는 사람들과 그 문화에 대해 갖고 있는 틀에 박힌 생각 때문에 발전하거든.

어리석게 일반화시킨 또 다른 사례를 들어볼까? "스코틀랜드인은 인색하고, 벨기에 사람은 멍청하고, 집시는 도둑들이며, 아시아인은 음흉하다" 등이 있어. 이런 일반화는 모두 어리석은 표현이고 잘못을 저지르게 만들어. 그러니까 "아랍인은 이렇고 저래" "프랑스 사람들은 이런 것 같고 저런 것 같아" 등으로 말해서는 절대로 안 되는 거야. 인종주의자는 특수한 경우를 일반화시키는 사람들이야. 그가 만일 어느 아랍인한테서 도둑질을 당했다면, 그는 모든 아랍 사람들이 도둑놈이라는 결론을 내릴 거야. 다른 사람을 존중한다는 것은 정의에 관해 신경 쓰는 것이란다.

그렇지만 꼭 인종주의자가 아니어도 벨기에 사람들에 대한 농담을 할 수는 있잖아요!
다른 사람들을 놀리려면 자기 자신을 비웃을 줄도 알아야 해. 그렇지 않다면 우리에게 유머가 없다는 거야. 유머란 일종의 힘이거든.

유머는 뭐죠? 그냥 웃음인가요?
유머 감각을 갖는다는 것은 농담을 할 줄 알고 자기 자신을 너무 진지하게 여기지 않을 줄 아는 거야. 그것은 모든 것으로부터 웃음을 짓게 하는 일면을 드러나게 하지. 한 시인이 말했단다. "유머, 그것은 절망의 예의범절이다"라고.

인종주의자들도 기질humeur 감각, 아니 유머humour 감각이 있나요?

그럴듯한 말실수구나(여기서 말실수란, humour를 처음에 humeur로 말한 것을 뜻한다_옮긴이). 하긴 옛날에는 유머를 말할 때 '기질'이란 말을 사용했지. 아무튼 인종주의자들에겐 유머 감각이 없어. 그들의 기질에 관해서 말한다면, 그들은 심성이 고약한 편이야. 그들은 마치 자기한테는 그런 게 없다는 듯 다른 사람의 결점을 들춰내 심술궂게 비웃을 줄밖에 몰라. 인종주의자가 웃을 때는 자신의 우월성을 드러내기 위해서일 뿐이야. 실상 그들이 드러내는 것은 무지와 어리석음이고 또는 상대방을 해코지하려는 의도인데도 말이지.

그들은 다른 사람을 가리킬 때, 듣기에 망측하고 모욕적인 말들을 사용해. 예를 들어 아랍인을 '부늘' '쥐새끼' '비코' '믈롱'이라 부르고, 이탈리아 사람을 '리탈' '마카로니', 또 유대인을 '유팽', 흑인을 '깜둥이'라고 부르지(부늘, 비코, 믈롱, 리탈, 마카로니, 유팽 등은 각각 그 나라 사람들을 경멸조로 부르는 속어다. 우리가 중국인을 '짱깨', 일본인을 '쪽바리'라고 부르는 것과 같다_옮긴이).

우리가 어리석을 때 인종주의자가 되는 건가요?

그렇지는 않아. 인종주의자일 때 어리석게 되지.

제가 잘 요약한 건지 모르겠지만, 인종주의는 첫째 두려움에서, 둘째 무식에서, 셋째 어리석음에서 오는 거군요.

그래, 잘 이해하고 있구나. 덧붙여, 인종주의를 정당화하기 위해 지식을 활용할 수도 있다는 걸 잘 알고 있어야 해. 지능도 나쁜 동기를 위해 사용될 수 있어. 그러니까 그렇게 간단한 일이 아니지.

어떻게요?

교육을 충분히 받고 교양 있는 사람 중에도 실업과 같은 불행한 일을 겪게 되면 자기의 어려운 상황을 외국인들한테 책임 전가하는 사람이 적지 않아. 그들도 내심으로는 외국인들한테 아무런 잘못이 없다는 걸 알고 있지만, 자신의 분노를 누군가에게 떠넘길 필요를 느끼는 거지. 흔히 사람들이 **희생양**이라고 부르는 것이란다.

희생양이 뭔가요?

아주 오래전에 이스라엘 공동체는 자기들의 부정不淨을 상징적으로 대신 속죄해줄 양 한 마리를 골라 사막에 풀어놓았단다. 자기 잘못을 다른 사람한테 돌리고 싶을 때 희생양을 찾는 거야.

프랑스에서 인종주의자들은 경제위기만 닥치면 외국인들 때문이라고 떠들어대. 외국인들이 프랑스인의 일자리와 빵을 빼앗아간다고 비난하는 거야. 그래서 인종주의 정당인 '국민전선'은 "300만 명의 실업자＝300만 명의 과도한 이주민"이라고 적은 벽보 포스터를 프랑스 곳곳에 붙여놓기도 했어. 너도 알다시피 프랑스인 다섯 명 중 한 명은 다른 나라 출신인데 말이지!

하지만 이민자들 역시 실업으로 어려움을 겪고 있어요! 엄마 사촌인 수아드의 아빠는 2년 전부터 일자리를 찾고 있는데 아직도 구하지 못하고 있어요. 종종 그 아저씨가 일자리 모집 공고를 보고 그 회사에 전화를 걸었을 때는 좋다고 대답했다가, 나중에 회사로 직접 찾아가면 너무 늦었다고 할 때도 있대요!

네 말이 맞아. 인종주의자들은 거짓말쟁이야. 진실에 대해 곰곰이 생각해보지도 않고 아무 말이나 떠들어대지. 그들이 바라는 것은, 구호를 통해 사람들의 머릿속에 허구를 각인시키는 거야. 경제 전문가들의 분석에 의해, '300만 명의 실업자＝300만 명의 과도한 이주민'이라는 등식이 완벽한 거짓이라는 점이 드러났거든. 그렇지만 직장을 잃고 불행을 겪고 있는 사람들 중에는 그처럼 터무니없는 어리석은 말조차 믿고 싶어 하는 사람이 있어. 그렇게 해서라도 자신의 분노를 가라앉힐 수 있다면 말이지.

이주민들을 비난한다고 일자리가 생기는 것도 아니잖아요!

그렇지. 그러면서 우리는 다시 이방인에 대한 두려움을 확인하게 된단다. 자신의 불행과 피해의 책임을 덮어씌우는 이방인에 대한 두려움 말이야. 그렇게 생각하는 게 더 쉽거든. 인종주의자는 잘못된 믿음을 실행하는 사람이야.

잘못된 믿음이라고요?

예를 하나 들어보자. 한 외국인 학생이 학교에서 나쁜 점수를 받았다고 하자. 스스로 열심히 공부하지 않았기 때문이라고 자기에게 책임을 묻는 대신에 선생님이 인종주의자라서 나쁜 점수를 주었다고 말하는 거야.

그건 나디아 사촌이랑 비슷하네요. 그 애는 학사경고를 한 번 받았는데, 부모님께 교사들이 아랍인들을 좋아하지 않기 때문이라고 말했거든요! 그 애는 뻔뻔스러워요. 저는 그 애가 공부를 못하는 학생이라는 걸 알고 있거든요.

그게 바로 잘못된 믿음이라는 거다!

하지만 나디아가 인종주의자는 아닌데요.

그 애는 자기 책임을 전가하려고 어리석은 논리를 끌어들인 거란다. 인종주의자들의 방식과 흡사한 거지.

그렇다면 두려움과 무지, 어리석음에 잘못된 믿음도 덧붙여야겠네요.

그래. 아빠가 오늘 너에게 사람들이 어떻게 인종주의자가 되는지 설명하는 것은, 인종주의가 종종 비극적인 차원으로 나아갈 수도 있기 때문이야. 그럴 때 인종주의는 특정 집단에 속한 사람들에 대한 불신이나 질투의 문제로만 끝나지 않아. 과거 '인종주의와 절멸의 법'에 국민 전체가 굴복한 일이 있었어.

절멸extermination이 뭐죠? 왠지 끔찍한 느낌이 들어요!

하나의 공동체, 하나의 집단을 극단적이고 결정적인 방식으로 사라지게 하는 거야.

어떻게요? 사람을 모두 죽이나요?

그런 일이 바로 제2차 세계대전 때 일어났단다. 나치 독일의 히틀러가 지구상에서 유대인과 집시들(아랍인에 관해 말하자면, 히틀러는 아랍인들을 "두꺼비 다음의 최하위 족속"으로 취급했단다!)을 제거하기로 결정했지. 그는 500만 명의 유대인들을 불태우거나 독가스 실험실에 가두고 죽게 했어. 이것을 '종족학살'이라고 말해.

그 바탕에는 다음과 같은 인종주의 이론이 있단다. '유대인들은 불순한 인종, 즉 열등한 인종에 속하므로 그들은 삶의 권리가 없다. 그들을 몰살해야 한다. 즉, 마지막 한 명까지 모두 제거해야 한다.' 유럽의 각국 정부는 자기 나라에 거주하는 유대인을 고발해 나치에게 넘겨주어야 했어. 유대인들은 사람들이 잘 알아볼 수 있도록 가슴에 노란 별을 달고 다녔어. 우리는 이 인종주의를 **반유대주의**antisémitisme(반셈족주의)라고 부른단다.

그 말은 어디서 유래한 거죠?
'셈족sémite'이라는 말에서 유래했단다. 셈족은 히브리어나 아랍어처럼 가까운 언어를 사용하는 서아시아 출신 집단을 일컫는 말이야. 유대인과 아랍인도 셈족에 속해.

그럼 반유대주의 사람들은 반아랍주의자라고도 할 수 있나요?
일반적으로 우리가 반유대주의를 말할 때는 유대인에 대한 인종주의를 일컫는단다. 이것은 특별한 인종주의야. 모든 유대인을 살해하도록 냉정하게 설계되고 계획된 것이기 때문이야. 네 질문에 직접적인 답을 하자면, 반유대주의자는 반아랍주의자라고도 말할 수 있어. 아무튼 인종주의자는 다른 사람들을, 그가 유대인이든 아랍인이든 흑인이든 가리지 않고 좋아하지 않으니까. 만일 히틀러가 전쟁에서 승리했다면 거의 전 인류를 상대로 공격했을 거야. 왜냐하면 순수한 인종이란 존재하지 않으니까. 순수한 인종이란 난센스고 불가능한 거야. 그러니까 더 세심한 주의가 필요하지.

유대인도 인종주의자가 될 수 있나요?

아랍인이 인종주의자가 될 수 있는 것처럼, 유대인도 인종주의자가 될 수 있어. 아르메니아 사람도 인종주의자가 될 수 있고, 집시도, 유색인도 인종주의자가 될 수 있어…. 그 내부에 인종주의적인 감정과 행동양식을 가진 개인을 포함하지 않는 인간 집단은 존재하지 않는단다.

인종주의 때문에 피해를 입은 사람조차도요?

어떤 사람이 불의에 맞서다가 고통을 겪었다고 해서 반드시 그를 정의롭게 하는 건 아니야. 인종주의에 관해서도 마찬가지야. 인종주의로 인해 고통을 겪은 사람도 경우에 따라서는 인종주의적인 유혹에 굴복할 수 있어.

좀 전에 말씀하신 **종족학살**에 대해 설명해주세요.

하나의 종족을 체계적이고 조직적으로 파괴하는 거야. 정신 나간 권력자가 특정한 인간 집단에 속한 모든 사람을 온갖 방법을 동원해 죽일 것을 냉정하게 결정하는 거지. 일반적으로 이런 결정에서 표적이 되는 건 소수종족이란다.

또 모르는 말이 나왔어요. 종족이 뭔가요?

언어·관습·전통·문명을 공통으로 가지고 있는 개인들의 집단을 일컫는단다. 그것들은 세대에서 세대로 전해 내려온 거지. 특정한 정체성 속에 있다는 것을 스스로 인정하는 인민人民들이야. 그리고 그 집단을 이루는 개개인은 여러 나라에 흩어져 살기도 해.

예를 들어주세요.
유대인, 베르베르인, 아르메니아인, 집시, 예수의 언어인 아람어를 말하는 사람들인 칼데아족 등이 있어.

숫자가 많지 않으면 종족학살을 당할 수 있는 건가요?
역사는 숫자가 많지 않은 소수종족이 자주 박해를 받아왔다고 기록하고 있어. 20세기만 해도, 1915년부터 아나톨리아 동부 지역에 살던 전체 아르메니아인 180만 명 중 100만 명 이상이 터키인들에 의해 강제로 추격당해 학살당했어. 러시아와 폴란드에서 학살당한 유대인도 있고. '포그롬pogrom'(슬라브 제국의 유대인 학살_옮긴이)이라고도 칭한단다. 바로 그다음에는, 나치에 의해 500만 명 이상의 유대인들이 강제수용소에서 학살당했어. 나치는 이미 1933년부터 유대인들을 '부정적인 인종' '하위 인종'으로 취급했어. 또 집시들을 "인종적으로 열등하다"고 선언하고 20만 명을 학살했지.

그건 오래전 일인데, 지금은 어떤가요?

소수종족 학살은 지금도 계속 이어지고 있어. 1992년에는 세르비아인들이 '종족 청소'라는 이름 아래 수천 명의 보스니아 무슬림들을 학살했어. 아프리카 르완다에서는 후투족이 유럽의 지지 아래 자기들에 맞서는 소수종족인 투치족을 학살했고. 이들 두 부족은 벨기에가 이 나라의 대호수 지방을 식민화한 이후 계속 전쟁을 해왔어. 다시 이야기하겠지만, 식민주의는 종종 통치를 위해 인구를 분리시키곤 해왔단다. 20세기에는 학살과 그에 따른 고통이 대단했어.

모로코에도 유대인들이 있나요? 베르베르인들이 산다는 건 알아요. 엄마가 바로 베르베르 사람이잖아요.

모로코에서는 거의 11세기 동안 유대인과 무슬림이 함께 살았단다. 유대인들은 '멜라Mellah'라고 불린 그들의 거주 지역이 있었어. 그들은 무슬림과 섞이지 않았지만, 다투지도 않았지. 둘 사이에 불신이 없지는 않았지만 서로 존중했어.

중요한 점은 유대인들이 유럽 각지에서 학살당하고 있을 때 모로코에서는 보호받았다는 사실이야. 독일이 프랑스를 점령하고 있던 시기에 독일에 협력했던 프랑스 총리 페탱은 모로코 왕 무함마드 5세한테 나치의 생지옥과도 같은 강제수용소로 유대인들을 강제 소환하라고 요구했어. 하지만 왕은 이를 거절하고 그들을 보호했지. 왕은 페탱에게 이렇게 답했단다. "그들은 나의 국민이고 모로코 시민이다. 이곳의 유대인들은 그들 자신의 나라에 있는 것이니 그들 또한 안전하다. 나는 그들을 보호할 것을 다짐한다"고.

전 세계에 흩어져 있는 모로코 출신 유대인들은 무함마드 5세를 매우 좋아한단다. 오늘날 모로코에는 수천 명의 유대인이 남아 있어. 떠났던 이들도 기꺼이 다시 돌아오는 곳이지. 모로코는 가장 많은 유대인이 거주하는 아랍의 무슬림 국가란다. 너는 모로코 유대인들이 페즈의 남쪽에 있는 작은 도시 세프루를 뭐라고 부르는지 아니? 그들은 그곳을 '작은 예루살렘'이라고 불러.

그런데 그들은 왜 떠난 거죠?

1956년 모로코가 프랑스로부터 독립하자, 그들은 무슨 일이 일어날지 몰라 두려워했어. 이스라엘에 이미 정착해 있던 유대인들이 이들한테 자기들과 함께 살자고 했어. 그 뒤 1967년에서 1973년 사이 이스라엘과 아랍 국가들 간에 전쟁이 발발하자, 그들은 자신들이 태어난 나라를 떠나 이스라엘이나 유럽 또는 북아메리카로 떠나기로 결심하지. 그렇지만 모로코의 무슬림들은 그들이 떠나는 것을 안타깝게 생각했어. 왜냐하면 유대인과 무슬림이 1000년 이상을 평화롭게 살아왔기 때문이야. 유대인과 무슬림에 의해 아랍어로 쓰인 많은 시와 노래들이 있어. 두 공동체 사이의 조화로운 관계를 보여주는 증거인 셈이지.

그렇다면 모로코 사람들은 인종주의자들이 아니네요!

그런 단언은 아무런 의미가 없어. 모두가 인종주의자이거나 모두
가 비인종주의자인 그런 국민과 나라는 이 세상에 없단다. 모로
코인들 역시 다른 나라 사람들과 다르지 않아. 그들 가운데 인종
주의도 있고 비인종주의자도 있단다.

모로코인들은 외국인들을 좋아하나요?

모로코는 환대의 전통으로 잘 알려져 있지. 모로코인들은 지나가
는 외국인들을 반갑게 맞이하고 자기 마을을 두루 보여주고, 고
유의 음식을 대접하기를 좋아해. 모로코인은 언제나 손님을 기꺼
이 접대해왔어. 다른 마그레브인들, 사막에 사는 아랍인들, 베두
인과 유목민 등도 마찬가지고. 그렇지만 모로코 사람들 중에도
특히 흑인들한테는 비난받을 만한 언행을 보이는 사람이 있어.

그렇다면 모로코에도 인종주의가 있는 거네요?

물론이지. 인종주의라는 재앙은, 너에게 설명했듯이 전 지구적인
현상인데, 어떻게 모로코만 예외가 되기를 바랄 수 있겠니? 모로
코 사람들도 다른 이들과 똑같이 두려움과 무지에 직면해서 반응
해. 어떤 때는 아주 직접적인 방식으로, 또 어떤 때는 위선적으로
말이야. 일반적으로 그들도 이방인들을 경계하는데, 특히 피부색
이 짙은 사람들에겐 더 그래.

아프리카 사람들을 말하는 건가요?

모로코인들이 흑인을 대하는 태도에 관해 먼저 짚고 넘어가자. 먼저 모로코는 오래전부터 세네갈, 말리, 기니, 코트디부아르 등의 나라들과 상거래를 해왔어. 주로 페스라는 도시 출신 모로코 상인들이 향료와 직물을 사고팔기 위해 아프리카 땅을 돌아다녔지. 그중 일부 상인들은 현지에서 결혼한 흑인 여자들을 데려와 함께 살았는데, 너도 짐작하겠지만 피부색이 하얀 그들의 모로코 부인들이 그녀들을 기꺼이 받아들였을 리가 없어. 모로코 부인들은, 남자에게 계속 성적 첩 노릇을 해야 했던 가련한 아프리카 여인들을 노예처럼 취급했어. 그녀들의 처지는 부러워할 만한 게 전혀 아니었지. 그녀들은 고립되었고 고향으로 돌아가지도 못한 채 모로코인 가족에게 속박당하며 살았어. 이런 사정은 1940년 대 말까지 계속되었단다. 오늘날에는 이런 거래가 더는 존재하지 않지만 말이다. 지금도 검은 피부를 가진 모로코인들이 있는데, 대부분은 노예의 후손들이거나 모로코 남부 지방, 특히 타필라레트 지역 출신이지.

하지만 노예제도는 폐지되었잖아요!

폐지되었지. 하지만 모든 정신 속에서 폐지된 건 아니란다.

무슨 뜻인가요?

흑인에 대한 인종주의는, 사하라사막 남쪽 아프리카인들이 지브롤터해협을 몰래 건너 유럽에 닿을 수 있으리란 희망을 갖고 모로코 북쪽으로 오면서 드러나기 시작했어. 모로코 북부에 도착해 적절한 때를 기다리는 사람들은 최악의 조건에서 수개월 동안 살아야 해. 일부 모로코인들이 그들을 돕기도 하지만, 대부분의 모로코인들은 그들을 경계하고 열등한 인간으로 취급했단다.

어떻게요?
가령 그들을 지목해 특별한 표현을 사용한다든지….

어떤 건데요?
그들을 '아지'라고 불렀는데, 바로 검둥이라는 뜻이야. 또 더럽다고 하거나 잡일꾼, 노예라고 부르기도 했어.

그건 그야말로 인종주의네요!
그래, 아프리카인들은 모로코인의 인종주의로 고통 받고 있어. 하지만 바로 그 아프리카인들이 경제적으로 부유하다면, 그들에 대한 모로코 사람들의 시선이나 태도는 급변할 게 분명해. 물론 피부색의 문제가 없는 것은 아니지만, 사람들이 견디지 못하는 것은 무엇보다도 엄청난 가난과 굶주림이야. 모로코인들은 아프리카로 몰래 떠날 수 있기를 기다리면서 거리를 배회하는 흑인

남녀가 자신의 복사판이기 때문에 더 폭력적으로 반응하는 거야.

다시 말해주세요.
모로코인들은 배회하는 아프리카인들한테서 자신을 발견하는
거야. 그래서 그들이 공격적으로 반응하는 거고.

하지만 모로코도 아프리카 나라잖아요!
그래, 하지만 모로코인들은 아프리카인이라는 정체성을 가지려
하지 않아. 스스로 아랍인이며 백인이라고 생각하지.

모로코의 백인 가족이 딸을 아프리카 흑인 남자에게 시집보낸 적
이 있나요?
아주 드문 일이지만 그런 적이 있었어. 하지만 끝없이 문제가 일
어났지.

예를 들면요?
세 들어 살 아파트를 구하는 일부터 불가능해. 아주 부자여서 자
기 집을 짓지 않는다면 말이지. 집을 얻어 살더라도 그 부부는 이
웃으로부터 자주 괴롭힘을 당할 거야.

그렇게 나쁜 감정은 어디서 온 건가요?

비상식적인 두려움과 무지 그리고 교육의 부재에서 온 거지. 모로코인들이 아프리카와 가졌던 흔치 않은 관계는 상거래 또는 노예제도였어. 그러는 동안 부모들은 자식들에게 자기들과 피부색이 다른 이방인들을 존중하라고 가르치지 않았어.

모로코인들보다 훨씬 이전에, 뷔퐁(1707~1788)이라는 사람을 비롯해 유럽의 백인들은 흑인을 원숭이와 같은 특별한 동물로 간주했어. 높은 학식에도 불구하고 "검둥이들은 열등하다. 그들이 노예제도에 순종해야 하는 것은 정상적인 일이다"라는 말을 하기도 했지. 노예제도는 전 세계 대부분의 지역에서 폐지되었어. 그렇지만 아직도 여기저기서 위장된 형태로 계속되고 있단다.

미국 영화에서 백인 주인이 흑인 노예한테 채찍질하는 것처럼 말이죠?

미국 흑인들은 미국에 정착한 초기 이민자들이 아프리카에서 데리고 온 노예의 후손들이란다. **노예제도**란 한 인간에게 소유권이 적용되는 것을 말해. 노예는 자유를 완전히 박탈당하지. 그의 육체와 정신은 그를 구매한 주인에게 속해. 흑인에 대한 인종주의는 미국에서 아주 지독하게 행해졌는데, 지금도 여전히 맹위를 떨치고 있단다. 흑인은 자신들의 권리를 획득하기 위해 피나는 투쟁을 해야만 했어. 예전에는 일부 주에서 흑인들이 백인들과 같은 수영장에 들어갈 수 없고, 같은 화장실을 사용할 수 없고, 같은 묘지에 묻힐 수도 없었어. 같은 버스를 탈 권리도, 같은 학교에 다닐 권리도 없었어.

1957년 미국 남쪽 지방의 작은 도시 리틀록에서는 백인들만 다닐 수 있는 센트럴고등학교에 아홉 명의 흑인 아이들을 입학시키기 위해 아이젠하워 대통령과 경찰, 군대가 개입하기도 했단다. 흑인의 권리 투쟁은 그 선구자 중 한 사람인 마틴 루서 킹 목사가 1968년 멤피스에서 암살당했음에도 불구하고 멈추지 않았어. 오늘날 상황은 조금씩 달라지고 있어. 백인과 흑인이 완전히 분리되어 살았던 남아프리카공화국에서처럼 말이지. 그런 분리 정책을 **아파르트헤이트**라고 해. 통치권을 장악한 소수의 백인에 의해 다수의 흑인들은 철저히 차별당했지.

아빠는 여기서 흑인들 또한 다른 사람과 마찬가지로, 인종주의적인 행동양식을 가지고 있다고 말하지 않을 수 없구나. 그들이 인종차별의 피해자라는 사실만으로 그들 가운데 인종주의자가 생겨나는 걸 가로막지는 못해.

아까 식민주의가 사람들을 분리시킨다고 얘기하셨는데… **식민주의**라는 게 뭐예요? 그것도 역시 인종주의인가요?

19세기에 프랑스, 영국, 벨기에, 이탈리아, 포르투갈을 비롯한 유럽 나라들은 아프리카와 아시아의 여러 나라를 군사적으로 점령했어. 식민주의는 하나의 지배야. 식민주의자는 자신이 이른바 문명화된 백인으로서 "열등한 인종에게 문명을 전해주러" 가는 것을 자기 책무로 생각한단다. 예컨대 식민주의자는 아프리카인의 지적 능력이 백인에 비해 뒤떨어진다고 생각하지.

식민주의자는 인종주의자군요!

인종주의자이면서 지배자라고 할 수 있지. 다른 나라의 지배를 받게 되면 우리는 자유롭지 못하고 독립을 상실해. 가령 알제리는 1962년까지 프랑스의 일부로 간주되었단다. 그들의 자원은 수탈당했고 주민들은 자유를 빼앗겼어. 프랑스인들은 1830년 알제리에 상륙해 전 국토를 점령했지. 프랑스의 지배를 거부하는 사람들은 추격당해 구속되었고, 처형되기까지 했어. 식민주의는 한마디로 국가 차원의 인종주의란다.

어떻게 한 나라가 인종주의적으로 될 수 있어요?

나라 전체가 그렇지는 않아. 하지만 그 나라 정부가 독단적으로 자기들 것이 아닌 남의 영토를 무력으로 점령하고 유지하면, 결과적으로 그 지역에 살고 있는 주민들을 멸시한다는 거나 다름없어. 그들의 문화는 아무런 가치도 없고 자기들이 문명이라고 부르는 것을 그들에게 전해주어야 한다고 믿으면서 말이지.

물론 그 나라를 조금 발전시키긴 해. 도로를 건설하고 학교와 병원을 세우지. 때로는 자기들의 이익만을 위해서 점령한 것이 아니라는 것을 보이기 위해서 그렇게 하기도 하지만, 어디까지나 더 잘 착취하기 위해서야. 사실상 식민주의자들은 그 나라의 자원을 수탈하는 데 도움이 되는 것만 발전시켜. 식민주의란 게 그런 거야. 대부분은 새로운 자원을 빼앗고 권력을 강화시키기 위해서지만, 절대로 그렇게 말하지 않지. 그것은 현지인들한테는 심각한 결과를 가져올 수 있는 침략이고 약탈이고 폭력인데도 말이야. 알제리의 예를 통해 확인할 수 있는 것처럼, 식민주의를 종식시키기 위해 여러 해 동안 투쟁과 저항과 전쟁을 해야 했어.

알제리는 자유로운….
그래, 알제리는 1962년에 비로소 독립을 쟁취했어. 이제 자기 나라를 위해 필요로 하는 것을 결정하는 건 알제리 사람들이야.

1830년부터 1962년까지 무려 132년 동안이라니, 정말 긴 시간이에요!
알제리 시인 장 앙루슈Jean Amrouche가 1958년에 쓴 시를 한번 들어보렴.

　알제리인들은 모든 것을 빼앗겼네
　이름과 더불어 조국을
　요람에서 무덤까지

인간의 발걸음을 인도하던 지혜로움의

신성한 격언과 더불어 언어를

밀과 더불어 대지를

정원과 더불어 샘을

일용할 양식과 마음의 양식을

(…)

알제리인들은

인간의 모든 조국 바깥으로 쫓겨났네

아무런 기억도

아무런 미래도 없는 현재의

고아가 되었네

포로가 되었네

바로 이런 것이 식민주의란다. 나라를 침략하고, 주민들을 착취하고, 이 침략을 거부하는 사람들을 감옥에 집어넣고, 건장한 사람들을 식민 모국의 강제노역에 동원하고….

그래서 프랑스에 알제리 사람들이 많은 건가요?
독립 이전에 알제리는 프랑스의 한 지방에 불과했지. 알제리 여권이란 것은 존재하지도 않았어. 알제리인들은 프랑스의 신민臣民으로 취급됐을 뿐이야. 기독교인들은 프랑스인이었고, 유대인들은 1870년 이후에나 프랑스인이 되었지. 반면에, 무슬림들은 '원주민'이라고 불렸어. '식민종주국에 의해 점령된 나라 출신'을 뜻하는 이 말은 인종주의적 표현 중 하나란다. '원주민'은 사회적 위계에서 가장 낮은 계급의 주민들을 가리키는 말이거든. 한마디로 '원주민=열등한 사람'이었어.

프랑스의 군대나 공장에서 사람이 필요하면 알제리에서 끌고 왔지. 알제리인들에게는 아무런 의견도 묻지 않고. 그들은 여권을 가질 권리도 없었고, 단지 이동할 수 있는 허가증만을 받았을 뿐이야. 프랑스인들은 그들에게 명령을 내렸고, 만일 그들이 순종하지 않으면 체포하고 처벌했어. 그들이 바로 초기 이주민들이란다.

그 이주민들은 프랑스인이었나요?
알제리에서 데려온 사람들을 프랑스인으로 간주한 것은 1958년 이후였어. 하지만 모로코나 튀니지에서 데려온 사람들한테는 그렇게도 하지 않았어. 다른 나라 사람들은 자기 스스로 왔지. 포르투갈 사람들, 스페인 사람들, 이탈리아 사람들, 폴란드 사람들처럼.

프랑스는 미국이나 마찬가지네요!
꼭 그런 건 아냐. 아메리카 대륙의 초기 거주자들인 인디언을 제외하면, 미국인들은 모두 오래전에 이민 간 사람들이야. 인디언들은 처음에는 스페인 사람들에 의해, 나중에는 백인 미국인들에 의해 학살당했어.

크리스토퍼 콜럼버스가 신세계를 발견했을 때 인디언들과 만나게 됐지. 그는 인디언들이 유럽 사람들과 똑같은 인간이라는 걸 확인하고 무척 놀랐어. 당시 15세기에는 '인디언들에게 영혼이 있을까?' 궁금해했을 정도였으니까. 사람들은 인디언을 인간보다 동물에 가깝다고 상상하고 있었어! 미국은 전 세계에서 온 여러 종족과 다양한 인구 집단으로 구성되어 있단다. 반면에 프랑스는 19세기 말경에 이르러서야 이민의 땅이 되었어.

하지만 이주민들이 도착하기 전에 이미 프랑스에 인종주의가 있지 않았나요?

인종주의는 사람들이 살고 있는 곳이면 어디든지 있단다. "우리 나라에는 인종주의가 없다"고 감히 말할 수 있는 나라는 단 한 곳도 없어. 인종주의는 인간 역사의 한 부분이야. 그것은 하나의 질병과 같아. 이 점을 잘 인식해서 이를 물리치고 거부하는 길을 배워야 해. 스스로를 끊임없이 검증하고, "내가 만일 이방인을 두려워한다면, 그 또한 나를 두려워할 거야"라고 곱씹어봐야 해. 우리는 항상 누군가에게는 이방인이야. 더불어 사는 법을 배우는 것, 이것이 바로 인종주의에 맞서 싸우는 것이란다.

하지만 저는 셀린과 더불어 사는 법을 배우고 싶지 않아요. 걔는 아주 못됐고 남의 물건을 훔치고 거짓말쟁이예요.

너무 심하게 말하는구나. 좀 지나치다고 생각하지 않니?

그 애는 압두에게 못되게 굴었어요. 교실에서 압두 옆에는 앉지도 않으려고 해요. 그리고 또 흑인들에 대해 언짢은 얘기를 한단 말이에요.

셀린의 부모님이 그런 문제에 대해 가르치는 것을 잊었나 보구나. 아니면 부모님 자신이 제대로 교육을 받지 못했거나. 하지만 그 애가 압두한테 행동하는 것처럼 셀린한테 행동해서는 안 돼. 기회를 봐서 그런 태도가 왜 잘못된 것인지 이해할 수 있도록 설명해줘야지.

혼자서는 못 할 것 같아요.

그 문제에 관해 너희 반에서 함께 토론해보자고 담임 선생님께 말씀드려보는 건 어때? 메리엠, 누군가의 잘못된 행동을 고치려고 개입할 수 있는 시기는 어린 시절뿐이란다. 어른이 되어서는 더욱 어려워져.

그건 왜 그래요, 아빠?

왜냐하면 아이들은 머릿속에 인종주의를 지니고 태어나지 않기 때문이야. 대체로 아이들은 부모와 가깝거나 먼 친척들이 말한 걸 그대로 따라서 해. 아이들은 아주 자연스럽게 다른 아이들과 어울리지. 피부색이 다른 아이가 자기보다 우월한지 열등한지 알려고 하지도 않아. 놀이 상대로서의 친구라는 사실이 중요할 뿐이야. 사이좋게 지낼 수도 있고 싸울 수도 있어. 정상적인 일이지. 그건 피부색과는 아무 상관이 없어. 하지만 부모가 아이에게 유색인 아이들을 경계하라고 가르친다면, 그 아이는 다르게 행동할 수 있어.

하지만 아빠는 인종주의가 널리 퍼져 있고, 흔하고, 인간의 결점 중 하나라고 계속 말씀하셨잖아요!

그래, 하지만 아이들에게만큼은 건전한 생각을 갖도록 가르쳐야 해. 본능에 따르도록 놔두어선 안 돼. 자칫 아이들한테 그릇되고 건전하지 않은 생각을 심어줄 수 있어. 아이들의 사고는 교육과 부모의 심성이 어떤가에 따라 좌우될 수 있거든. 또 아이도 부모가 인종주의적인 판단을 내릴 때는 그것을 고쳐주어야 해. 어른이라고 해서 개입하는 걸 주저하거나 겁먹어서는 안 돼.

그게 무슨 말씀이에요? 아이들은 인종주의에서 벗어나게 할 수 있지만 어른들은 안 된다는 거예요?

어른이 된 순간부터 인간 존재를 지배하는 법칙이 하나 있단다. 바로 변하지 않는다는 거야! 아주 오래전에 한 철학자가 이렇게 말했어. "모든 인간 존재는 자신의 존재 그대로를 고집하는 경향이 있다"라고. 그 철학자의 이름은 스피노자야. 속되게 표현해, "얼룩말의 줄무늬는 바꿀 수 없다"라고도 말할 수 있지. 즉, 사람은 한 번 굳어지면 변화하기 어렵다는 거야.

반면에 아이들은 가능해. 배우고 깨우치는 것에 아직 열려 있거든. 인종과 인종 사이에 불평등이 있다고 믿는 어른은 설득하기가 훨씬 어렵지만, 아이들은 충분히 변화할 수 있어. 학교는 그것을 위해 있는 거야. 모든 인간은 법 앞에 평등하며 서로 다르게 태어나고 존재한다는 것을 가르치기 위해, 인간의 다양성은 풍요로움이지 장애가 아니라는 것을 가르치기 위해서 말이야.

그렇다면 인종주의자들은 고칠 수 있는 건가요?
너는 인종주의를 일종의 질병으로 받아들이는구나!

그래요. 피부색이 다르다고 해서 그 사람을 멸시하는 것은 정상이 아니잖아요.
치유할 수 있는가의 여부는 그 사람한테 달렸단다. 스스로 의문을 제기할 수 있느냐 없느냐에 달렸어.

사람들이 어떻게 의문을 제기하죠?
스스로 질문을 던지고 의심하고, '내 생각이 틀릴 수도 있다'고 생각해보는 거지. 자신의 논리 전개 방식과 행동양식을 바꾸기 위해 성찰의 노력을 해보는 거야.

하지만 사람들은 변하지 않는다고 말씀하셨잖아요.
그래, 하지만 자신의 잘못을 자각하고 그것을 극복하겠다고 결심할 수는 있어. 물론 이 말이 사람들이 참되고 완벽하게 바뀐다는 것을 의미하지는 않아. 적응하는 거야. 때때로 사람들은 자신이 인종주의의 피해자가 되었을 때 비로소 인종주의가 얼마나 부당하고 받아들일 수 없는 것인지를 깨닫게 돼. 그런 깨우침을 얻기 위해서는 여행지에서 새로운 사람들과 어울리고 대화하는 것만으로도 충분해. 흔히 말하듯이 여행은 젊음을 만들어주거든. 여행을 한다는 것은 새로운 걸 발견하고 배우는 걸 즐긴다는 뜻이고, 문화가 서로 다르고 또 그 모든 문화가 얼마나 아름답고 풍부한지를 깨닫는 것이란다. 이 세계에서 다른 문화에 비해 우월한 문화란 존재하지 않아.

그렇다면 희망이 있네요.
인종주의자는 위험인 동시에 피해자이기 때문에 인종주의에 맞서 싸워야 하는 거야.

어떻게 동시에 둘이 될 수 있나요?

다른 사람에게는 위험이면서 그 자신이 피해자이기도 하거든. 그는 스스로 잘못 생각하고 있는데 그것을 알지 못하거나 알려고 하지 않는 거야. 자신의 잘못을 인정하기 위해서는 용기가 필요해. 인종주의자는 그러한 용기가 없어. 자기가 틀렸음을 인식하고 자기를 비판하는 것은 쉬운 일이 아니야.

아빠가 지금 하신 말씀은 분명치 않아요!
네 말이 맞다. 분명하게 말해야지. "너는 틀렸고 내가 옳다"라고 말하는 것은 쉬운 일이고, "네가 옳고 내가 틀렸다"라고 말하는 건 어려운 일이란다.

인종주의자가 자신이 틀렸다는 걸 알 수 있을까요?
알 수 있을 거야. 알고자 노력한다면, 자신에게 이와 관련된 모든 질문들을 던질 용기가 있다면 말이지.

어떤 질문들이요?
나는 정말 다른 사람들보다 우월한가? 내가 다른 집단보다 우월한 집단에 속한다는 것은 사실일까? 내가 속한 집단보다 열등한 집단이 존재할까? 열등한 집단이 있다고 가정한다면, 나는 그들을 무슨 명목으로 반대할 수 있을까? 신체적 차이가 지적 능력의 차이를 내포하는 것일까? 달리 말해 흰 피부를 가지고 있으면 더 지적인가?

약한 사람들, 아픈 사람들, 노인들, 어린이들, 장애인들… 이들 모두는 열등한가요?
겁쟁이들 눈에는 그렇게 보이겠지.

인종주의자들은 자신이 겁쟁이라는 것을 아나요?
아니. 왜냐하면 자신의 비겁함을 인정하기 위해서는 용기가 있어야 하거든.

어째, 아빠 말씀은 빙빙 돌고 있는 것 같아요.
그래. 하지만 아빠는 너한테 인종주의자들이 어떻게 자기모순에 빠져 있는지를, 그리고 거기서 빠져나오려고 하지 않는지를 보여주고 싶단다.

그들은 어쩌면 환자인지도 모르겠어요!
어떤 면에선 그렇지. 사람들이 뭔가에서 탈출할 때는 바로 자유를 향해 가는 거야. 그런데 인종주의자는 자유를 사랑하지 않아. 오히려 그것을 두려워해. 다름을 두려워하는 것처럼. 그가 사랑하는 유일한 자유는 바로 자신만의 자유야. 스스로에게는 무엇이든 할 수 있도록 허락해주는, 동시에 다른 사람들을 마음대로 판단하고 자신과 다르다는 이유만으로 그들을 감히 멸시할 수 있도록 허락해주는 그런 자유 말이다.

아빠! 저, 욕 한마디만 해야겠어요. 인종주의자는 더러운 놈이에요.

좀 약하긴 하지만, 메리엠, 어느 정도 맞는 말이다.

*78쪽 내용 중 나치에 의해 집단 수용소와 가스실에서 죽임을 당한 유대인이 500만 명이라는 수치는 미국의 역사학자 라울 힐베르크Raul Hilberg의 책 《홀로코스트, 유럽 유대인의 파괴》(Fayard, 1988)에 나와 있다. 이 책의 10장은 이렇게 시작한다.
"독일인들이 500만 명의 유대인을 죽였다."
아르메니아인들 집단 학살에 관해서는 이브 테르농Yves Ternon의 책 《범죄 국가, 20세기의 집단 학살》(Seuil, 1995)을 참조했다.

인종주의를 극복하기 위한 투쟁은 일상적인 실천이어야 한다. 우리는 결코 경계심을 누그러뜨려서는 안 된다. 일상생활에서 모범을 보여주는 것으로 시작해야 하며, 우리가 사용하는 말들에 주의를 기울여야 한다.

위험한 말들이 있다. 어떤 말들은 상처를 주거나 수치심을 안겨주려고, 불신과 증오심을 일으키려고 사용된다. 또 어떤 말들은 그 심오한 뜻을 왜곡하고 위계와 차별의 의도를 조장하기도 한다. 한편 어떤 말들은 아름답고 즐겁다.

틀에 박힌 생각이나 몇몇 속담 및 격언은 사용해서는 안 된다. 그런 것들은 일반화의 방향으로 가면서 인종주의가 된다. 거짓되고 해로운 생각을 담고 있는 표현들을 우리의 일상 어휘들에서 없애야 한다. 인종주의에 반대하는 싸움은 언어에 대한 작업에서부터 시작해야 한다.

이 싸움은 또한 의지와 끈기, 상상력을 필요로 한다. 인종주의적인 발언과 행동에 분개하는 것만으로는 충분하지 않다. 행동해야 하고, 인종주의적 성격을 지닌 일탈 행위를 그냥 방관해서는 안 된다. 함부로 "별것 아니야!"라고 말해서는 안 된다. 만일 그런 언행을 방치한다면, 이 재앙 속에 빠지지 않을 사람들조차 인종주의가 번창하고 발전하도록 허용하는 꼴이 된다. 반발하지 않고 행동하지 않으면 우리는 인종주의를 진부하고 오만하게 만들 것이다.

법이 있다는 걸 알아야 한다. 법은 인종적 혐오를 선동하는 행위를 처벌한다. 아울러 모든 형태의 인종주의에 맞서 싸우는 단체와 운동들이 존재하며, 그들이 훌륭한 일을 해내고 있다는 것 역시 알아야 한다.

새 학기 새 교실에 들어가 같은 반 친구들을 바라보며 그들이 모두 다르다는 것에, 그리고 그 다양함이 아름답다는 것에 주목해야 한다. 그것은 인류를 위한 행운이다. 모든 벗들은 서로 다른 곳에서 왔고, 우리가 갖지 못한 것을 그들이 줄 수도 있다. 그들이 알지 못하는 어떤 것을 우리가 줄 수 있는 것처럼 말이다. 그리하여 섞인다는 것은 서로를 풍요롭게 하는 일이다.

나아가 각각의 얼굴이 하나의 기적이라는 사실을 잊지 말자. 그들은 저마다 유일하다. 우리는 완전히 동일한 두 얼굴을 어디서도 만나지 못할 것이다. 잘생긴 것과 못생긴 것은 중요하지 않다. 그것은 상대적인 것이다. 각자의 얼굴은 삶의 표상이다. 모든 삶은 존중받을 자격이 있다. 어느 누구도 다른 사람을 모욕할 권리는 없다.

사람들은 저마다 자기 존엄성의 권리를 가진다. 하나의 존재를 존중함으로써 우리는 그들 삶이 담고 있는 아름다움과 경이로움, 다양함과 예상치 못함에 경의를 표하는 것이다. 다른 사람을 경건하게 대함으로써 우리는 각자 자신에 대한 존중을 표현하는 것이다.

2장
두 번째 대화

혐오는
더 심해졌다

*열 살이던 메리엠과 대화를 나누고 7년 뒤, 우리는 둘 다 인종주의가 후퇴하기는커녕 끈질기게 살아남았고, 어떤 경우에는 더 악화되었다는 것을 확인했다. 우리는 중·고등학교에서 반유대주의와 이슬람 혐오가 더 극심해지고 있는 이 새로운 현상에 대해 이해해보려고 했다. 또한 우리가 어떤 측면에서 정교분리원칙에 관한 법을 필요로 하는지 설명해보고자 했다.

아빠, **반셈족주의**antisémitisme('셈족'은 노아의 장남인 셈을 시조로 하는 종족으로, 유대인뿐만 아니라 아랍인도 셈족에 속한다. 따라서 '반셈족주의'는 아랍인과 유대인을 모두 반대하는 인종주의를 일컫는다_옮긴이)와 **유대인 혐오**는 어떻게 달라요?

반셈족주의는 셈족 모두를 혐오하는 거야. 유대인과 아랍인 모두 셈족이지. 그런데 500만 명의 유대인이 나치에 의해 집단 학살당한, 이른바 **쇼아**Shoah(나치에 의한 유대인 절멸을 말함_옮긴이) 이후 반셈족주의는 '반유대주의'에 한정해 사용되고 있단다.

그럼 반유대주의와 인종주의는 어떻게 다른가요?

반유대주의는 유대인을 특정해 혐오하는 인종주의야. 유대인들이 겪은 비극에서 비롯되었지. 그들로 하여금 박해받고 멸시당하고 파멸에 이른 인간 집단이 되도록 만든, 한마디로 잔인한 동시에 체계적인 기획의 결과물이야. 사람들은 유대인에 대한 특유의 인종주의와 다른 인종주의를 구분해. 역사가 남긴 그림자라고나 할까.

그러면 '유대인 혐오'는 뭐예요?

유대인 혐오Judeophobie는 반유대주의에 담긴 혐오감에 유대인들에 대한 불안과 두려움이 합쳐진 거야. 'phobie'라는 말은 '공포'를 뜻해. 유대인에 대한 공포는 유대인들에 대한 불신과 경계, 의심과 멸시뿐만 아니라 시기심으로도 표현돼. 그것은 공격적인 언동과 모욕, 난투극으로 나타나고, 심지어는 유대인들이 잠들어 있는 묘지를 파헤치거나 유대교 회당인 시나고그synagogue에 불을 지르는 것으로 표출되기도 하지.

이러한 사실은 최근 몇 년 동안 실제로 확인되고 있어. 대체로 학업에 실패했거나 빈둥거리고 교양 없고 버림받은 젊은이들이 사는, 범죄율이 높은 곳으로 알려진 교외와 도시 지역에서 일어나곤 해. 철학자 한나 아렌트(1906~1975, 독일 하노버에서 출생. 1933년 나치즘을 피해 미국으로 가서 1951년 미국 시민이 되었다)는 "이해한다는 것은 현실을, 그 현실이 어떻든 혹은 어떻게 될 수 있든 간에 선입견 없이 주의 깊게 정면으로 직시하고, 필요시 그것에 저항하는 것이다"라고 썼어('반유대주의에 관하여',《전체주의의 기원 1》). 그러니까 이해하도록 노력을 기울여야 하는 거야.

왜 학교교육에 실패하거나 자기 자신에게 불만이 많은 젊은이들이 유대인을 표적으로 삼나요?

왜냐하면 사회경제적인 위기가 느껴지면 그 탓을 유대인의 잘못과 책임에 돌리는, 유대인을 둘러싼 상투적인 생각과 편견이 끈질기기 때문이야. 유대인들이 소수민족이기 때문에 그들에게 원한을 품는 거지. 프랑스의 유대인 숫자는 대략 70만에 지나지 않지만, 역사적·문화적 측면에서 중요한 소수민족으로 간주되고 있어.

이것 말고도 이 소수민족에 관해 폭넓게 퍼져 있는 생각이 있는데, 바로 유대인들이 모든 방면에서 성공을 거두고 재계와 매체 수단을 장악하고 있다는 거야. 히틀러 이전에 독일, 오스트리아, 프랑스, 폴란드에서 그들을 지목해 떠들던 말들이 60년이 지나 되돌아온 거지. 최근에 다시 "유대인이 금융과 미디어를 지배하고 있다" "권력의 뒤편에서 유대인의 로비가 행해지고 있다"라는 말이 들리고 있어. 편견은 아주 집요하고 위험한 지경에 이르게 해. 인종적 반유대주의는, 그러니까 유대인이라는 이유로 유대인을 혐오하는 것은 19세기에 등장한 하나의 이데올로기야. 지금도 살아 있지.

하지만 소수민족이라는 이유만 문제가 되는 건 아니잖아요?
물론 유대인 혐오가 높아지는 것을 설명해주는 다른 요인들도 있어. 역사적인 요인 이외에 국제정치 문제들도 연결돼 있지. 그런데 유대인을 원망하고 모욕하는 청소년들 중에 적지 않은 이들이 그들 자신의 배타와 인종주의의 희생자야. 그 청소년들은 사회로부터 좋은 평을 받지 못하고 좋은 대우도 받지 못했어. 그들이 유대인을 비난하는 것은 정치적인 이유 때문이라기보다는 질투 때문이기도 해. 유대인이 돈이 많고 명품을 갖고 있는 게 못마땅한 거지. 또 그들이 인색하다고 비난하기도 해. 그래서 "유대인 같은 구두쇠"라고 모욕도 하는 거야. 그 정도로 어리석다는 뜻이기도 하고.

그런데 서로 싸우는 유대인과 아랍인은 둘 다 프랑스인이잖아요.

바로잡아야 할 게 있구나. 이처럼 유대인 혐오가 심해진 것은 젊은 아랍인들만의 일이 아니란다. 많은 청년들, 토착 프랑스인이나 아랍 출신이 아닌 빈민층 출신 청년들이 이 사태에 연루돼 있어. 다시금 확인해야 할 것은, 다방면으로 확대되고 있는 인종주의를 일반화하는 정당인 국민전선이 여러 선거에서 17% 정도의 지지율을 유지하고 있다는 사실이야.

맞아요. 그런데 미디어는 유대인과 대립하는 마그레브 출신 젊은 이들을 자주 보여주고 있어요. 유대인 청소년들에게 학교나 거리에서 아랍 청소년들에게 모욕당했다고 증언하도록 부추겨요. 한

쪽만 보여주고, 유대인이 아닌 청소년이 있는 또 다른 쪽에서는 무슨 일이 일어나는지 잘 보여주지 않아요.

보통 이 사태를 마그레브 출신 청소년들 탓으로 돌리고 있는 게 사실이란다. 서인도제도 출신의 청소년들, 아프리카인들 그리고 토착 프랑스인들도 이 유대인 혐오에 연루되어 있는데 말이지. 같은 사람들이 종종 아랍인을 비난하고 교외 지역에서 일이 잘 풀리지 않는 걸 아랍인 탓으로 돌리기도 해. 선별적인 인종주의 라는 건 사실 존재하지 않아. 이 점에서 유대인 혐오는 아랍인과 흑인을 배척하는 인종주의를 동반하기도 한단다.

어떻게요?

바로 전염 효과에 의해서지. 예를 하나 들어보자. 2004년 4월 19일과 20일 사이 한밤중에 스트라스부르에 있는 모스크(이슬람교 사원)의 정문에 누군가가 "아랍인에게 죽음을!"이라고 썼어. 네가 분명히 알아야 할 중요한 사실이 하나 있단다. 수백만의 유대인들을 죽음으로 내몬 사람들은 다름 아닌 유럽인들이었어. 독일의 나치, 이탈리아의 파시스트, 스페인의 프랑코주의자들이 그렇고, 독일 점령자들에게 부역한 프랑스의 민병대원들이 그렇단다. 아랍인들은 이 끔찍한 비극에 아무런 책임이 없어. 아랍인들이 반유대주의에 빠지면 안 되는 또 하나의 이유야. 오히려 아랍인들은 사람을 죽이는 인종주의를 고발하는 데 앞장서야 마땅해.

제2차 세계대전 중 유럽에서 벌어진 일에 아랍인들이 아무런 책임이 없어서가 아니야. 만약 나치가 전쟁에서 승리했다면 아리아족이 아니라는 이유로 아랍인들도 절멸시켰을 거야.

하지만 제가 다니는 고등학교에서 문제가 되는 것은 아랍인과 유대인이 서로 좋아하지 않는다는 거예요. 그래서 서로 만나지도 않고, 끼리끼리 따로 다니고, 서로 불신하는 분위기예요. 어떤 학생이 이렇게 말했어요. "아랍인들은 숫자도 엄청 많고 석유 부국을 비롯해 나라도 많이 있는데, 왜 팔레스타인 사람들에게 땅을 내주지 않니? 그러면 유대인들이 그 작은 나라인 이스라엘에서 평화롭게 살 수 있잖아?"라고요.

그건 역사를 모르는 데서 나온 왜곡된 주장이야. 그게 그렇게 간단한 문제가 아니란다. 그들은 지금도 하나의 땅을 두고 두 민족이 서로 자기 땅이라고 주장하고 있어.

그런데 유대인과 아랍인은 서로 무시하잖아요. 대화의 가능성이 아예 없어요. 아무도 이 문제에 관해 얘기하려고 하지 않아요. 우리 학교에는 아랍인은 별로 없고 유대인이 상대적으로 많은데, 자기들끼리만 모이고 다른 사람들하고는 얘기를 나누려고도 하지 않아요.

네가 다니는 학교는 유별나구나. 파리 교외 지역이나 일부 지방

도시에 있는 대부분의 학교에는 아랍인 학생이 유대인 학생보다 훨씬 많아. 이 점을 기본으로 두고, 흔히 아랍인과 유대인이 서로 존중하지도 않고 잘 모른다고 말하곤 하지. 물론 둘 다 프랑스인 인데, 부모나 조부모의 뿌리에 대한 애착을 가지고 있어. 그래서 마그레브 출신 프랑스인들은 스스로를 온전한 프랑스인이라고 느끼질 않아.

그들의 부모는 프랑스 국적을 선택하지 않았고, 떠나온 나라로 돌아가서 살 희망을 여전히 간직하고 있어. 하지만 그들의 자식들은 다른 선택을 했지. (하기야 달리 선택할 수 있었겠니?) 그들의 나라는 프랑스야. 그렇다고 그들 스스로 마그레브인, 아랍인, 베르베르인이라고 느끼지 않는 건 또 아냐. 그래서 아랍 세계와 특히 팔레스타인에서 일어나는 일에 관심을 갖는 거란다.

그런데 아빠, 마그레브 출신의 젊은 프랑스인은 왜 스스로 온전한 프랑스인이라고 느끼지 않나요?

프랑스 사회가 그들로 하여금 정신적·문화적·심리적으로 프랑스인이 될 수 있도록 아무런 노력을 하지 않았거나 거의 하지 않았기 때문이야. 그들을 **통합**하는 일을 프랑스 사회는 소홀히 했단다. 이민자들을 잠시 묶어가는 간이수용소나 비위생적인 저임대료주택HLM에 처넣었어. 그들을 생활에서 분리시킨 거지. 이것이 범죄의 온상이 되도록 만들었어.

잠깐요, 아빠. 프랑스 땅에 태어난 사람들인데 아빠는 통합이라고 말했어요? 다른 말을 사용해야 하지 않나요?

그래, 네 말이 맞다. '해방' '인정' '사회조직 내 편입'과 같은 말을 사용하고, 이 말들이 사회적 · 문화적으로 분명해지도록 방안을 강구했어야 해. 하지만 '통합'이라는 말에는 프랑스 땅에서 태어나지는 않았지만 세월이 지나 프랑스인이 된 사람들을 비롯해 보편적으로 적용할 수 있다는 이점이 있지.

'동화'라는 말은요?

동화한다는 것은 긍정적인 행동이 아니란다. 집어삼키는 행동이야. 차이를 지우는 것과 관련 있지. 사람들은 그들을 외국인으로 취급하는 걸 멈추겠지만, 그들로 하여금 독자성을 갖게 하는 모든 걸 포기하도록 요구할 거야. 그들에게 특정 전통이나 관습을 버릴 것을 요구하고, 출신을 잊게 함으로써 사회조직에 통합될 것을 요구하겠지. 그래서 어떤 사람은 자기 출신을 알 수 없게끔 이름을 바꾸고, 또 어떤 사람은 주위 프랑스인들의 태도와 정신 상태를 모방하려고 열을 올릴지도 몰라.

하지만 그들은 정체성에 의문을 가지는 만큼 불편함을 느끼게 될 거야. 그러면 그들의 편입에 불만을 드러내겠지. 동화와 관련해서 한나 아렌트는, "현대의 반유대주의는 유대인들이 동화되는 가운데 시작되고 발전했다"(앞의 책)라고 지적했어. 사실상 인종주의는 차이가 희미해지고 통합이 성공적으로 이루어짐으로써 타자로 거부하는 것이 불가능해지는 순간 나타나는 거란다.

어떻게요?

극우 이념을 신봉하는 사람들을 불안하게 하는 것은 외국인들의 문화적·사회학적인 차이가 아냐. 그보다는 외국인들이 토착 유럽인을 닮아갈 만큼 통합되기 시작한다는 사실이 그들을 불안하게 만드는 거야. 외국인들이 유럽 사회의 일원이 되는 것, 외국인들이 유럽에 다른 색깔을 입히는 것 말이지. 아빠 생각에 극우파들은 외국인들의 이런 기여로 인해 '백인' 정체성이 위협받는다고 생각하고 있어. 너도 알다시피 인종주의는 혼합, 혼혈을 거부하거든.

정체성이요? 자신의 정체성에 맞게 살아가는 게 왜 그리 중요한 가요?

너, 기억나니? 우리가 모로코에 갔을 때 어떤 사람이 아직 어린 너에게 "너는 모로코 사람이니, 프랑스 사람이니?"라고 질문을 던졌지. 그때 너는 "나는 파리 사람이야"라고 대답했어. 너는 일찍부터 엄마 아빠가 어디서 왔는지 알고 있고, 네 엄마 고향도 방문했고, 아랍어도 배우기 시작했어. 어떤 때는 프랑스 여권을 가지고, 또 어떤 때는 모로코 여권을 가지고(한국과 달리 프랑스는 이중

국적을 허용하고 있다_옮긴이) 여행을 했지. 내가 볼 때 너는 너와 우리 가족의 출신을 잘 알고 있기 때문에 정체성에 문제가 없어. 너는 그것을 잘 받아들였어. 너는 숨길 것도 없고 수치를 느낄 필요도 없었지. 정체성은 인간 내면의 안전과 같은 거야.

너는 정체성에 있어서 모호한 게 하나도 없어. 하지만 마그레브 출신 어린이들이 모두 그런 건 아니란다. 어떤 사람들은 자기 출신을 지우려고 애써. 〈십계명〉에도 "너는 너의 부모를 공경하라!"고 쓰여 있는데, 부모를 공경한다는 것은 유전의 연쇄 속에서 부모의 정당한 가치를 인정한다는 거야. 곧 자신의 뿌리와 정체성을 존중하는 거지.

제가 보기에는 자기 출신을 지우려고 하는 사람은 드문 것 같아요. 제 주위에 있는 마그레브 출신 젊은이들은 자기 출신을 조금도 숨기지 않아요. 오히려 프랑스어를 재미있는 아랍어 표현으로 가득 채워 말하기도 해요. 그런데 아빠, 조금 전에 국가가 아이들을 저버렸다고 하셨나요?

그래, 프랑스에서 태어나 프랑스인이 된 아이들이야. 하지만 국가와 정부는 그들의 처지를 돌보지 않고 저버렸어. 그들은 잊혔어. 심지어 그들을 이주민처럼 취급함으로써 그들의 부모와 혼동하기도 했어. 아이들은 프랑스 바깥에서 들어온 이주민이 아닌데도 말이야. 그들은 프랑스 땅에서 태어났고 프랑스 신분증을 갖고 있어. 그럼에도 그들 앞에는 거절과 거부의 분위기가 있었지. 그것은 그들의 학교교육에 참담한 결과를 빚게 했고, 나중에 취업하거나 집을 빌릴 때도 차별을 당하게 만들었는데, 이런 일들이 그들로 하여금 모욕감을 느끼게 한 거야.

이 젊은이들이 이 나라 인종주의의 주된 희생자들이지. 도처에서 그들로 하여금 온전한 프랑스인이 아닌 것처럼 느끼게 했어. 국가와 정부는 그들의 해방과 지위 향상을 위해 그 어떤 조치도 취하지 않았고. 그래서 그들은 이 사회가 자기네 부모의 노동력만을 이용했을 뿐, 프랑스에서 새 젊은이들을 낳아준 사실은 전혀 고려하지 않은 데 대해 몹시 원망했지. 30년 전부터 일어난 일이야. 갑작스레 일어난 일이 결코 아니란다.

1980년대에는 사회당 정권이 장려한 'SOS 인종주의' 단체의 운동을 통해 이주민의 자녀들이 자기들의 생각을 표현하기도 했어. '내 친구를 건드리지 마!' 운동은 너도 잘 알고 있지? 그러고 나서 '이민자 자식들의 행진'(1983)이 생겨났어. 이주민 자녀들은 자신들이 처한 조건이 어떠한지 프랑스인들과 공권력에 알리기 위해 프랑스 땅을 걸어서 횡단했지. 하지만 근본적으로 그들의 구체적인 현실에 대해 정치인들은 이렇다 할 아무런 조치도 취하지 않았어.

예를 들면요?

가령 주거 조건을 바꾸지 않았고, 부모 나라의 문화와 프랑스 문화 사이에서 분열된 젊은이들의 학교교육에도 신경 써주지 않았어. 또 그들의 문화, 그들의 정체성에 가치를 부여하는 일에도 투자하지 않았어. 한마디로 그들이 어려움을 겪고 있다는 것은 알고 있었지만, 재정과 의지가 부족해서 외면했지.

누가 그렇게 했나요?
국가와 정부, 각 지역 당국과 선출된 사람들 모두가 그랬단다. 동시에 놓쳐선 안 되는 게 또 있어. 이민자의 출신국 역시 그들을 버리고 무관심한 것에 대해 나름의 책임이 있다는 점이야.

최근 유대인 혐오와 관련해 그들을 손가락질하던데, 무슨 일이 일어난 건가요? 그들 중에도 인종주의자가 된 사람이 있어요?
그래. 거듭 말하지만 인종주의는 누구도 비껴가지 않아서 모든 사람이 인종주의적 표현을 할 수 있어. 인종주의가 한쪽에서만 나타난다고 해서 한쪽 집단(여기서는 토착 프랑스인 집단)만이 인종주의를 드러낸다고 생각해선 안 돼.
한쪽에 죄의식을 갖게 하고 다른 쪽을 정당화하려는 게 아냐. 슬프게도 인종주의는 피부색이 어떻든 상관없이 나타나. 모든 언어로 표현되고 모든 신앙고백에도 나와. 인종주의가 소통의 한 양식, 그것도 최악의 소통 양식이 된 건 분명한데, 이것이 서로 간의 불신과 배척을 통해 감염되는 거야. 그래서 다양한 이민자들 사이에는 유럽에 반대하는 인종주의(혹자에 따르면 '반백인 인종주의' 라고 표현하는)도 존재하는 거고. 이 인종주의 또한 다른 인종주의 와 마찬가지로 비난받아 마땅하고 용납되어선 안 돼.

그럼 유대인 혐오는 왜 일어나는 건가요?
좀 더 깊이 설명할 필요가 있겠구나. 일부 마그레브 사람들이 갖는 불안감은 허탈감을 낳게 하지. 학교에서 그들은 교사들의 노력에도 불구하고 사회에 적응하기가 쉽지 않다는 걸 스스로도 느껴. 집에서는 공부할 여건이 안 되고 숙제를 도와줄 사람이 아무도 없어(주거 공간상의 문제도 있고, 부모가 문자 해독을 못 하기 때문이기도 해). 이런 조건들이 될 대로 되라는 식으로 동기부여도 생기지 않고 아무런 열망도 갖지 못하게 만들어.
또 그들은 오빠나 언니, 형, 누나가 수년간 학교 공부를 했음에도 장기간 실업 상태에 있고, 그들의 부모는 여전히 고된 일을 하면서 안락한 삶을 꾸려나가지 못한다는 걸 옆에서 보면서 자라. 결코 그들처럼 되고 싶지 않고 닮고 싶지도 않을 거야. 아버지의 이미지는 무가치하고 어머니의 이미지만 강하게 남아 있어.
청소년들은 그들의 싸구려 임대주택 층계참에서 어슬렁거리고, 패거리를 만들어 쉽게 돈 벌 유혹에 빠지고, 이유 없는 반항을 하고, 마침내 그들의 가난, 불만에 범죄로 반응하고 응답하게 되는 거야. 그들은 자기들이 드러내는 차이, 외모, 출신 때문에 사랑받지 못하고 존중받지 못한다고 느껴. 그들은 프랑스에서 태어났지만, 부모의 출신 문화와 프랑스 문화 사이의 부조화를 안고 살아야 해. 버림받았다고 느낀 그들은 결국 자기들끼리 집단을 이루게 되는 거지.

일부 중학교의 진학 안내 책임자들은 흔히 그들이 학습 기간이 짧은 기술계 고등학교에 가야 한다고 생각해. 왜냐하면 학생들이 그 이상으로는 학교 공부를 계속 이어가지 못할 것 같으니까. 그런데 문제는 이런 논리가 틀에 박힌 듯이 관철된다는 거야. 총명한 아이가 있어도 그의 역량을 고려하지 않고 그가 원하지 않는 공부를 하게 되는 거지. 이게 바로 인종주의야. 그럴 의도가 없었는데도 자신도 모르게 발현되는 인종주의지.

이런 과정에서 작동되는, 혹은 이런 현실을 불러오는 악순환이 반복되는데, 여기에 공부 못하는 학생뿐 아니라 공부 잘하는 학생까지 걸려든다는 거야. 그 이유는 이들 모두가 반골 기질과 반항 정신을 갖고 있기 때문이야. 다행히도 모든 교사들이 그렇게 행동하는 건 아닌데, 교외 지역의 수많은 아이들에게 주의를 기울인 아주 적극적인 교사들 덕분에 이들이 이런저런 범죄로부터 벗어날 수 있었어.

모두 그렇게 소홀히 취급된 건 아니겠죠?

물론 모두가 그렇진 않지만 대다수는 그랬어. 수치가 증명해. 교육부 통계에 따르면, 1999년에 이주민의 자식은 단지 4%만이 대학에 들어갔어(프랑스인 노동자의 자식은 25%가 대학 공부를 해). 이 세대가 얼마나 희생되고 있는지 알 수 있지. 그들 앞에 있는 것이라곤 공허감뿐이라, 그 어떤 모험도 그 빈자리를 채워주지 못하는 거야. 바로 거기서 이슬람주의가 등장하게 된 거고.

아빠, 지금 우리는 주제에서 벗어난 얘기를 하고 있어요. 유대인 혐오가 갈수록 심해지는 이유와 유대인과 아랍인이 서로 싸우는 것에 관해 말했는데요.
아니, 우리는 그 주제를 말하고 있단다. 왜냐하면 모든 현상에는 이유가 있고 역사가 있기 때문이야. 폭력적이고 극적인 반발을 일으키는 근원들, 뿌리 깊은 이유로 거슬러 올라가지 않으면 지금 일어나고 있는 일들을 제대로 이해할 수 없단다.

그러면 공허감이 왜 유대인에 대한 인종주의로 흐르게 되었는지 설명해주세요.
그전에 종교 운동의 원리부터 설명해줄게. 여기서 꼭 알아야 할 것은, 이슬람주의는 무슬림의 종교에서 벗어나 있다는 사실이야. 그것은 이슬람이 아냐. 혼동해선 안 돼. 모든 종교에는 교조주의자들이 있어.

벗어나 있다고 하셨어요?

강물의 흐름을 다른 데로 돌리듯이 사상의 흐름을 왜곡하는 거야. 출발선에서는 이슬람을 활용해 호소력을 얻고 나서, 숨겨놓은 정치적 동기의 필요성을 만족시키려고 이슬람 교리를 왜곡된 방식으로 해석하는 거야. 앞서 말했듯이, 사람들은 전쟁을 일으키거나 증오심을 정당화하려고 자주 종교를 사용해왔어. 종교는 소신, 신념과 관련된 문제여서 합리적인 것과는 거리가 멀단다.

지금은 종교전쟁과 관련된 것도 아닌데, 왜 이슬람은 잘못된 방식으로 해석되는 것을 그대로 놔두는 건가요?

이슬람교는 교조주의자들이 주장하는 그런 종교가 아니야. 교조주의자들은 그들의 정치적 메시지, 즉 극단적이며 인종주의적인 메시지를 관철시키기 위해 종교라는 외피를 필요로 해. 이슬람교의 교리도 다른 종교와 마찬가지로 문자 그대로 해석될 수 있어. 그러면 현대의 민주적인 삶과 전혀 맞지 않는 입장을 갖게 돼. 하나의 종교에 많은 얘기들을 할 수 있단다.

이탈리아와 마찬가지로 프랑스에서도 한때 '급진적 이맘'들을 추방할 수밖에 없었지. 그들은 스스로를 이맘이라고 선언하고, 사람들에게 개종을 권유하며, 무엇보다 여성을 돌로 쳐 죽이는 일이나, 지하드(무장 투쟁)와 같은 폭력을 정당화했어. 1095년에 교황 우르바노 2세가 무슬림인 아랍인들과 터키인들에 대항하여 십자군 전쟁을 일으킨 것도 기독교의 이름으로 행해진 거란다. 또 마녀라고 들씌워 여성들을 화형에 처한 것도 이 종교의 이름으로 자행되었지. 이단자라는 게 밝혀졌다고 시신을 무덤에서 꺼내 불에 태운 것도 마찬가지였어. 중세였고 **종교재판**의 시기였지.

사람들은 설령 자기가 아랍인이나 유대인이 아니더라도, 이스라엘과 팔레스타인의 상황에 대해 관심을 가질 뿐만 아니라 자기와 몹시 연관되어 있다고 느낄 수 있겠네요!
그래, 수많은 사람들이 관심을 갖고 있는 갈등이야. 가령 이스라엘에 가족이나 친구가 있는 유대인은 이 갈등에 연루되어 있다고 느끼는 게 당연해. 식당이나 버스에 폭탄이 터지기라도 하면 가까운 사람이 죽게 될 테니까.

그런데 마그레브 사람들의 친척이 팔레스타인에 살지는 않을 텐데요!
그럴 거야. 하지만 마그레브 사람들도 땅을 점령당하고 매일 이스라엘 폭탄에 죽어가는 팔레스타인 사람들에 대해 가깝다고 느낀단다. 물론 팔레스타인과 이스라엘을 같은 위치에 놓을 수는 없어. 그러니까 땅을 점령당해 나라가 없는 팔레스타인 인민들이 해방된 나라를 만들기 위해 싸우고 있는 거고, 다른 한편에서, 군사적으로 막강한 데다 미국으로부터 체계적인 지원을 받고 있는 이스라엘은 땅을 식민화하고 팔레스타인 인민들의 저항에 온갖 수단을 동원해서 대응하는 거야.

이 갈등이 프랑스 교외 지역이나 일부 학교들과 무슨 상관이 있 나요?

그것은 합리적인 말로 설명할 수 있는 문제가 아니란다. 대체로 감정의 문제야. 어떤 사람들은 자기 씨족에 대한 연대감에 이끌 려 행동하기도 해. 그 때문에 유대인 혐오에 대해서든, 아랍인이 나 이슬람 혐오에 대해서든 제대로 맞서 싸울 수가 없게 되지. 갈 등은 일상의 삶이 어렵고 사회적 토양이 **각종 질병을 낳는** 곳으 로 옮겨가는 것과 같아.

무슨 말씀을 하시려는 거예요?

삶의 조건이 열악해지면, 불만에서 멈추지 않고 각종 질병과 폭 력을 낳게 마련이란다. 그런데 이런 양상만 있는 건 아냐. 팔레스 타인 민족이 불의를 겪으며 고통당하는 것에 대해 마그레브의 젊 은이들도 분노를 느끼곤 해. 그들뿐 아니라 일부 프랑스인들도 (그중에는 유대인도 있는데) 민간인 대상 자살 테러를 비난하면서 이 스라엘 정책에 반대해왔고. 자살 테러는 팔레스타인 당국도 계속 비난해왔다는 걸 알아야 해.

그런데 마그레브 청년들은 텔레비전을 통해 이스라엘 군대가 팔레스타인 난민 캠프에 침입해서 표적 살해하는 걸 자주 접해. 아랍 언론은 일부러 그런 이미지를 강조하고 이스라엘인과 유대인을 혼동해서 보도하거든. 두 실체 사이에 차이가 없게 하는 거지. 하지만 이스라엘인 가운데 유대인만 있는 건 아냐. 이스라엘에는 이스라엘 사람인 아랍인, 무슬림이거나 기독교도인 아랍인이 100만 명 넘게 있어. 또 유대인이지만 스스로 이스라엘 사람이 아니라고 생각하는 사람들도 있지.

한 정부의 정치와 인민의 삶은 따로 구분해서 봐야 해. 이스라엘 사람들이 모두 그들 정부의 정치에 동의하는 건 아냐. 지금 우리는 분위기가 끊임없이 나빠지고 유대인과 아랍인 사이의 긴장이 더욱 고조되고 있는 혼란의 시기를 살고 있어. 유대인에 대한 공격(각종 모욕을 비롯해 유대교 회당에 대한 테러, 2004년 5월 초 에르리스아임에서 일어난 사건처럼 묘지를 모독한 행위, 2004년 6월 12일 피레네조리앙탈주의 리브잘트 캠프에서 일어난, 이른바 1942년 나치 강제수용소로 끌려간 아이들을 기념하는 벽화를 훼손한 일 등)은, 팔레스타인 청년들이 이끈 제2차 인티파다Intifada가 시작되면서 이스라엘이 팔레스타인 사람들과 그들의 리더에 대한 정책을 강경하게 한 뒤에 더욱 극심해졌어.

인티파다가 뭐예요?

아랍어 '파다fada'는 '복종하지 않는 말馬'이라는 뜻으로, 인티파다는 난민 캠프에서 살고 있는 팔레스타인 청소년들의 항거를 말해. 그들은 팔레스타인 사람들에게 침입해 들어오는 이스라엘군을 향해 분노의 표시로 돌멩이나 횃불을 던졌어. 첫 번째 인티파다는 1987년 11월에 시작됐어.

그러니까 프랑스에서 반유대 행동이 늘어난 것은 이스라엘-팔레스타인 갈등이 더 심해진 것과 관련이 있군요.

그렇지. 프랑스의 국립인권자문위원회 연간보고서(2004년)는 중동 사태와 유대인에 대한 적대행위의 빈도 사이에 상관관계가 있다는 걸 잘 보여주고 있어. 이 연관성은 이스라엘 점령지에서 제2차 인티파다(2000년 2월)가 시작되면서 명백해졌지. 마찬가지로 2003년 3월, 미군과 영국군이 이라크에 진입한 시기에 아랍과 유대인에 대한 인종주의적 적대행위가 절정에 올랐어. 이 보고서에는 "반유대주의가 프랑스 사회에 계속 중요하게 자리 잡고 있다"고 기록하고 있어.

이와 똑같이 마그레브인들에 대한 적대행위도 우려할 정도로 늘어났어. 확인된 폭력행위의 81%가 마그레브인들에게 가한 것이었어. 우아즈 주, 오트-마른 주를 비롯해 프랑스의 여러 지역에서 모스크에 방화하는 일이 발생했지.

우리 학교 역사 선생님이 유럽의 한 보고서를 요약해 읽어주셨는데, 유대인에 대한 적대행위가 아랍-무슬림 집단에 의해 일어났고, 이스라엘-팔레스타인 사이에 갈등이 심화되면서 더 늘어났다고 하더라고요. 아빠는 어떻게 생각하세요?

오스트리아 비엔나에 있는 '인종주의와 외국인 혐오 현상에 관한 유럽 관찰연구소'에서 발표한 보고서를 말하는 거구나. 2002~2003년에 대한 보고서일 거야. 그 보고서에 따르면, 그리스 정교회의 반유대주의에 관해 "그리스에서는 유대인들이 세계를 지배하려고 음모를 꾸미고 있다는 설을 대부분의 일반인들이 믿고 있다. 그리스 정교회에서는 성聖금요일 의식儀式 속에 계속 유대인에 반대하는 내용을 포함시킨다"라고 쓰여 있어.

또 사람들이 언급하고 있진 않지만, 권위적인 무슬림 단체 지도자 루이스 파라한의 생각을 추종하는 일부 미국 흑인들의 맹렬한 반유대주의도 빼놓을 수 없지. 이슬람으로 개종한 그는 모든 악이 유대인 때문이라고 주장하고 있어. 꼭 알아야 할 것은, 선택적인 인종주의란 존재하지 않는다는 거야. 유대인을 배척하는 사람은 아랍인도 배척할 수 있거든. 인종주의자가 특별한 집단에 대해 거부감을 드러낸다면, 너는 그 인종주의자가 그가 속하지 않은 다른 집단을 똑같이 혐오한다는 것을 확신해도 돼. 그래서 인종주의가 불러일으키는 분노는 선택적인 게 아니야.

학교에서 어떻게 반유대 인종주의, 반아랍 인종주의에 맞서 싸울 수 있나요?

이미 말했다시피, 그건 논리의 문제가 아니라 감정의 문제란다. 이성이 말하는 게 아니라 불만과 모욕에 의해 상처받은 마음이 말하는 거야. 이스라엘 국가가 성립되고 수천 명의 팔레스타인 가족들이 그들의 집에서 쫓겨난 1948년 이래 고통 받고 있는 그 지역에서는 사람들 사이의 소통 수단으로 증오만 남았어. 증오는 전염돼. 그 증오를 진정시키고 완화하려면 대화와 해명을 다시 시작해야 하고, 문화와 이치에 호소해야 해. 그것이 학교의 역할이야. 학교에서 아이들이 서로 욕설을 퍼붓고, 마치 자기 집에 폭탄이 터졌다거나 자살 테러로 버스에 탄 자기 형제가 죽임을 당한 것처럼 아무렇지 않게 전쟁놀이를 해선 안 돼.

아빠는 이스라엘에서 테러로 가족을 잃은 프랑스인을 알고 있는데, 거기서 벌어지는 일은 도저히 참을 수 없는 일이라고 하더구나. 학교 선생님이라면 이 갈등의 원인에 관해 설명하고 양쪽 다 이성을 되찾을 수 있도록 해야 돼. 갈등을 겪는 두 민족에 대해 공정하고 지속적인 해결책을 찾지 못한다면, 이 갈등은 프랑스의 학교나 일터에서 이쪽저쪽의 모든 사람들의 행동에 끊임없이 중대한 영향을 미칠 거야.

시사주간지 〈누벨 옵세르바퇴르〉 창간인 장 다니엘은 '2004년 5월 20~26일' 호에 이렇게 썼어. "아주 협소하면서도 큰 상징성을 가진, 이스라엘과 팔레스타인이라는 두 개의 작은 나라 사이의 폭력이 앞으로도 계속 이어지고 더 엄중해지는 만큼, 미디어들은 24시간 단 한 순간도 빠뜨리지 않고 테러로 희생된 민간인들, 폭탄으로 희생되거나 부상당한 사람들과 파괴된 집, 질식당한 마을의 모든 이미지를 그들이 보유한 새로운 수단을 이용하여 보도할 것이다. 이때 양 진영에 있는 사람들 중 과연 누가 자기는 이 사건과 연관되어 있다고 느끼지 않고 무심한 채로 남아 있을지 나로선 도무지 알 수 없다."

이렇게 사실들을 재확인하고 당사자들의 정신 상태를 있는 그대로 말하는 것 또한 이 갈등에 관해 설명하는 거야.

제 생각에는 설명하는 것만으로는 충분하지 않은 것 같아요. 이 얘기를 계속하기 전에 사람들이 어떻게 가미가제가 되는지 설명해주세요.

가미가제는 본디 일본 사람들이 폭탄을 실은 비행기에 붙인 이름이란다. 제2차 세계대전이 끝나갈 무렵 자원자들이 조종한 이 비행기가 미국의 전함을 향해 돌진했어. '자살 비행기'라고 불리기도 했지. 이런 일들은 아랍 또는 무슬림의 문화나 전통에 속하지 않아. 이슬람에서는 자살이 금지돼 있어. 공공장소에서 자살폭탄을 터뜨리도록 지명된 청년들을 일컬어 가미가제라고 부르진 않아. 순교자를 뜻하는 **샤히드**라고 말해. 민족의 대의를 위해 자신을 희생하는 사람이란 뜻이야. 이슬람에서 순교자에겐 천국이 약속돼 있거든.

코란에 따르면, "알라신이 형벌을 받은 사람들과 함께 있었으니 신께 가는 길에서 죽임을 당한 이들에게 '그들이 죽었다'라고 말하지 말지니라. 아니니라! (…) 그들은 살아 있으니 그대가 그것을 모르고 있을 뿐이니라"라고 이르고 있단다(코란 2장 154절). 그렇게 쓰여 있긴 하다만, 나는 인간폭탄이 된 젊은이들이 모두 천국에 가기 위해 그렇게 행동한다고 생각하지는 않아.

그걸 어떻게 아세요?

도덕이니 감정이니 하는 것들은 둘째 문제로 하고, 태어나면서부터 난민 캠프에서 살고 있는 팔레스타인 사람의 위치에 서보렴. 그는 눈을 뜨면서부터 전쟁 상황 속에서 살아가야 해. 청년이 될 때까지 비참함과 전쟁, 일상적인 모욕, 검문검색과 점령의 삶밖에 모르고, 무엇보다 미래에 대한 아무런 전망도 없는 삶을 살아가고 있어. 그는 불의가 일상적인 환경 속에서 아마 고등교육을 받지 못하고, 괜찮은 일자리도 찾지 못하며, 정상적으로 가정을 이뤄 평화롭게 살 수 없으리라는 걸 잘 알고 있을 테지. 그의 삶은 애당초 함정으로 가득 차 있고, 그의 미래는 막혀 있어. 그가 캠프 밖을 나서면 자신과 똑같이 절망과 위험 속에서 살아야 한다는 걸 알고 있는 젊은이들을 만날 뿐이야.

그는 이 터널에서 빠져나오기 위해 싸워야 한다고 느낄 거야. 사람들은 그에게 그의 조부모가 1948년 그들의 땅에서 떠나야 했던 얘기를 들려주면서 그 땅을 되찾아야 한다고 설명하겠지. 그는 처음에는 이스라엘 군인들에게 돌을 던지기 시작할 거야. 그러면 이스라엘 군대는 총격을 가해 시위자들을 죽이고(2004년 5월 19일 라파에서 일어났던 일처럼 말이다. 그때 전투용 헬기가 쏜 미사일과 장갑차가 쏜 네 발의 포탄 때문에 평화시위를 벌이던 팔레스타인 사람 10명이 죽고 70명이 부상을 당했어), 집들을 폭파하지(유엔 보고서에 따르면, 2000년 10월 이래 1075채의 팔레스타인 가옥과 건물이 이스라엘군의 작전에 의해 파괴되었고, 79명의 어린이를 포함하여 총289명이 죽임을 당했어). 항거는 더 이상 피할 수 없는 일이 돼. 올바른 생각을 가지고 있는 사람들 속에서 자라난 젊은이라면 정치적 수단을 이용한 해방운동의 대열에 참여할 수도 있겠지만, 이슬람을 투쟁 이데올로기로 생각하는 사람들을 만난다면 그들로 하여금 샤히드를 양성하는 운동에 가입하게 할 거야.

사람은 환희에 차 있거나 한가로움에 지쳐서 가미가제가 되는 게 아냐. 반복되는 일과 바뀌지 않는 환경이 생존 본능이나 삶에 대한 사랑 대신 죽음에 이르는 욕망을 갖게 만드는 거야. 팔레스타인 청년들이 영위하는 삶 자체는 그들이 삶을 간직하도록 하지 않아. 그러니 감화되기 쉽거나 가족 또는 친구 중 한 사람이 죽임을 당하는 것을 본 청년이라면 자기 동네 벽에 초상화로 장식되는 순교자가 되는 일을 더더욱 쉽게 받아들이게 되는 거란다.

네, 알겠어요. 모든 게 절망에서 비롯되는 거군요. 하지만 사람들이 그에게 잘 설명해서, 무고한 사람들을 죽이는 게 팔레스타인 민족에게 평화를 가져오지 않는다고 설득한다면, 자살폭탄을 터뜨리는 일을 포기할 수도 있을 텐데요. 그러고 나서 평화에 이르는 하나의 기회를 주어야겠지요.

그렇단다. 그것은 자신의 운명을 이끌어가는 사람들에게 달렸지. 하지만 이슬람주의의 흐름은 갈수록 평화가 멀어지고, 이스라엘 군대의 도발이 늘어남에 따라 더욱 급진적으로 가고 있어. 아리엘 샤론(1928~2014)이 이끈 이스라엘 정부는 이스라엘 주변에 장벽을 쌓아 올리고, 팔레스타인 해방운동의 정신적 지도자들을 무참히 살해하며, 사람들이 기도하는 알 아크사 모스크 광장을 침범함으로써 이쪽과 저쪽 모두의 증오를 더욱 격화시켰지. 증오는 인종주의의 특권적인 표현의 하나야.

그런데 그 증오는 어떻게 여기까지 건너와서, 유대인 중학생과 아랍인 중학생 사이에 인종주의를 불러일으켰나요?
사람은 저마다 자기와 동일시하는 집단과의 연대를 선택할 권리가 있어. 그런데 이스라엘-팔레스타인 갈등의 경우, 그 반향이 프랑스 학교에 미쳤을 때 연대는 으레 지나치게 과격해지고 불관용의 양상으로 발전되곤 해. 이 갈등으로 가장 고통 받는 사람들은 팔레스타인 사람들이지만, 그들 모두가 무슬림인 건 아냐. 그들에게 정의가 실현되지 않는 한 테러는 계속되고, 거기에 보복이 따르면서 폭력의 악순환은 끝없이 이어지게 될 거야.

거듭 말하지만, 이런 인종주의적 사태로부터 이 갈등의 뿌리와 객관적 이유에 관해 제대로 설명할 수 있는 계기가 마련되어야 해. 이 특별한 유형의 인종주의에 맞서 싸우려면 교육과 문화, 역사적 사실의 확립에 힘써야 해.

우리는 또한 새로운 꿈을 꿀 수도 있어. 물론 그전에 교육에 의한 이 노력이 효과적인 결과를 이끌려면 일을 수행하는 방식부터 바꿔야겠지. 각 집단이 자기 지지자들에게 말을 걸어야 해. 그래서 유대인들은 다른 유대인들에게 팔레스타인 문제에 대해, 팔레스타인 사람들도 이스라엘 국가 옆에서 정당하고 인정된 국경 안에서 평화롭게 살 수 있는 권리에 대해 설명해주어야 해. 마찬가지로 아랍인들도 다른 아랍인들에게 유대인의 비극적인 숙명과 정당하고 인정된 국경을 가진 국가 안에서 평화롭게 살 수 있는 권리에 대해 설명해야 하고.

하지만 그건 꿈에 지나지 않아요, 아빠! 그 꿈을 실현하기에는 증오가 너무 심해요.

그래, 증오와 인종주의가 갈수록 고조되고 있지. 하지만 두 공동체가 (권리와 정의를 양보하지 않고) 서로 이해하려는 노력을 기울이지 않는다면, 아무런 진전도 없을뿐더러 날로 광신과 인종주의가 발전해 인민들을 휩쓸어버릴 최상의 조건을 만들게 될 거야.

혹시 무슬림 소녀들이 학교에서 **베일**을 착용한 일이 인종주의를
일으키진 않았나요?

프랑스에서는 히잡 사건 때문에 야단법석을 떨었지. 일부 비타
협적인 무슬림들이 세속주의를 문제 삼았고, **이슬람 혐오**로도 퍼
져나갔어(2004년 3월 5일 오트사부아 주의 두 모스크가 불탔고, 2004년 3월
29일과 30일에는 오트 - 마른 주와 우아즈 주의 두 모스크에서 방화 시도가 있
었어). 베일과 관련된 이 쟁점은 충분히 비껴갈 수도 있었던 문제
를 일으켰는데, 그와 동시에 프랑스로 하여금 1905년 이래 법에
규정된 세속주의에 대한 위협에 대처하도록(성급한 방식으로) 부추
겼어.

세속주의가 뭐예요?

세속주의는 신앙을 거부, 부정하는 게 아니란다. 오히려 중립지
대로 남아 있어야 하는 공적 영역(학교, 병원, 행정 등)에 개입하지
않는다는 조건으로 모든 종교가 존재할 수 있도록 허용하는 것이
지. 신앙은 사적인 일이어야 하는데, 그렇다고 이것이 신앙을 자
유롭게 행할 수 있는 권리를 금지하는 건 결코 아냐.

19세기 말에 프랑스는 교회와 국가를 분리시키기 위해 아주 힘
겨운 투쟁을 했고, 1905년 12월 9일 법률이 제정됐어. 그것은 프

랑스 민주주의의 기본 가치 중 하나야. 이 법은 종교가 프랑스 사회 안에서 가져야 하는 지위와 자리를 명확히 규정했어. 그렇게 프랑스는 이웃 국가들보다 앞서 나아갔고 정교 분리를 획득한 것을 자랑스러워했어. 다른 유럽 국가들은 거의 대부분 그렇게 하지 않았으니까.

이처럼 100년이나 된 역사적 배경 속에서 갑자기 '베일' 이야기가 튀어나온 거야. 1989년의 일인데, 어느 고등학교 교장이 모로코 출신 여학생 둘이 머리에 히잡을 두르고 등교하는 걸 봤어. 히잡을 풀라는 교장의 요청을 여학생들은 거절했어. 학부모들이 개입하고 미디어가 보도하면서 히잡 사건은 시작됐지. 각 학교 교장들이 이 문제에 대해 자유 재량권을 가지고 있는 동안 소강상태에 있다가 히잡이 다시 무대에 등장했어. 학교뿐만 아니라 병원과 일부 행정관청, 대학에서까지.

그런데 '**공공연하게 표시하는**' 걸 금지한 법에 대해, 왜 학교에서 반발이 나왔나요? 그리고 '**공공연하다**ostensible'는 걸 어떻게 규정하나요?

그 말은 라틴어 'ostendere'에서 왔고 '보이다'를 뜻해. 그러니까 '공공연하다'는 건 사람들에게 과시하거나 일부러 보이게끔 하는 걸 말해. 하지만 학교는 각자 자신이 속한 종교를 드러내는 장소가 아냐.

하지만 그 법이 거론된 게 무엇보다 히잡 때문이었다는 사실을
누구나 알고 있잖아요?

물론이지. 문제는 베일 착용이 하나의 상징으로 구별 짓는 표시,
정체성을 확인하는 표시로 어느 특정 종교에 속한다는 것 이상을
드러내고 있다는 점이야. 관련법의 예비 문서는 이렇게 말하고
있단다. "이 법은 국가로 하여금 각자가 양심의 자유를 자유자재
로 누릴 수 있는 수호자가 되게끔 하는 세속주의 전통에 뿌리내
리고 있다." 이런 관점에서 공공 업무의 중립성은 각자의 정체성
을 구성하는 모든 것에 대한 평등과 존중을 보증하는 거야.

하지만 우리는 자유로운 국가에서 살고 있어요. 각자 자기가 원
하는 대로 옷을 입을 수 있어요. 그 두 소녀는 머리를 보이지 않
을 권리, 몸에 꼭 맞는 옷을 입지 않을 권리, 화장하지 않을 권리
가 있어요. 그건 그들의 선택이고 그들의 자유예요.

네 말이 맞다. 다만 그 자유에는 한계가 있단다. 세속주의에 관한
법에 따르면, 그들은 공공 학교에서 종교를 다시 끌어들일 권리
가 없어. 내가 조금 전에 베일을 '상징'이라고 말했는데, 더 정확
히는 여성의 지위를 겨냥하는 정치적 상징이야.

왜 그렇지요?

모든 게 여성의 복종 문제와 연관돼 있어. 히잡을 착용한 여학생

은 체육 교육을 받지 않겠다는 뜻으로도 간주돼. 왜냐하면 체육복으로 갈아입을 수가 없기 때문이야. 그랬다간 주위 사람들에게 충격을 줄 테니까. 또 이들은 생물 과목 교육도 거절할 거야. 종교가 주장하는 것과 반대되는 과학적 사실을 배우게 될 테니까. 그들이 데생 시간도 거부하는 이유는, 이슬람이 그림 그리는 것 등을 금지한다고 가르쳤기 때문이야. 교육부 회람은 "학생의 종교적 신념이 교육을 받지 않을 권리를 부여하지 않는다"라고 분명히 말하고 있어.

이슬람이 그림에 반대하나요?
그건 절대로 아냐. 이슬람은 예언자와 신의 형상을 그리는 것을 금지할 뿐이야. 이슬람이 그림을 반대한다고 주장하는 건 거짓된 전설이야.

이슬람이 지식에 반대하는 건 아니에요. 반대로 지식 습득을 권장해요.
물론이지. 광신이 어디서 비롯되었겠니? 바로 무지야.

알겠어요. 그런데 히잡 착용이 왜 여성의 자유에 반대된다는 거예요?
코란에 베일과 관련된 몇 개의 구절을 찾을 수 있어. "오, 예언자여! 그대의 아내와 그대의 딸에게, 그리고 믿는 이의 부인들에게 베일을 꼭 착용하라고 말하라. 그것이 인정받고 무례한 짓을 절대로 당하지 않게 하는 가장 단순한 방법이니라."(코란 33장 59절) "믿는 여성들에게 오로지 남편과 아버지, 그리고 남편의 아버지와 아들에게만 베일을 가슴에 내려뜨리고 장신구를 보이라고 말하라."(코란 24장 31절)

하지만 무슬림 여성에게 베일을 하고 학교에 가라거나 병원에서 남자 의사에게 청진기 진찰을 받는 걸 금지하는 얘기는 어디서도 찾을 수 없어. 그것은 과장된 해석이고 이슬람 정신에 위배되는 거야.

그렇다면 그 여성들은 대부분 프랑스 국적자일 텐데 어째서 세속주의에 반대하는 건가요?

먼저 그들에게 세속주의가 무신앙의 한 형태이고, 유럽에서 여성들이 누리고 있는 자유가 방탕과 악덕, 부도덕으로 가는 지름길이라고 설명하기 때문이야. 텔레비전 광고를 예로 들기도 하고, 또 세속주의가 그들의 신앙생활을 위협한다면서 이슬람교를 믿는다는 걸 공개적으로 밝혀야 한다고도 말해. 요컨대 그들의 믿음과 삶의 방식을 서구인들의 방식과 대립시키려는 거야. 일부 마그레브 부모들은 자녀들이 자기들을 떠날까 봐, 혹은 전통적인 연대의 정신이 점점 약화되고 있는 사회에 자녀를 빼앗길까 봐 두려워하지. 해방된 여성의 모델이 그들을 질겁하게 만드는 거야.

무엇이 무슬림 가족에게 충격을 주나요?
여성들에게 스트링(엉덩이가 노출되는 속옷_옮긴이) 착용을 권하는 광고, 생각나니?

아뇨, 잘 모르겠는데요. 광고는 짜증 나요.
베일 착용 문제로 한참 논란이 되고 있을 때, 한 속옷 브랜드 회사에서 예쁘고 젊은 여성들이 스트링만 입고 엉덩이를 드러낸 아주 도발적인 광고 벽보를 붙였단다. 거기엔 "나는 처녀입니다. 당신은?"이라는 문구가 있었어. 우리끼리 하는 말인데, 그 광고는 수많은 사람들에게 충격을 주었지. 무슬림들만 충격을 받았던 게 아냐. 광고는 무엇이든 팔기 위해서라면 여성의 몸을 상품화하는 경향이 예전부터 있었거든. 그것은 여성의 이미지를 추락시키지.

무슬림 부모들은 어떤 반응을 보였나요?
그들 중 몇몇은 이런 지적도 했어. 한쪽에서는 여학생에게 머리를 가리는 것을 금지하고, 다른 한쪽에서는 딸이 스트링 자락이 보일 만큼 허리 아래로 바지를 내려 입고 학교에 가는 것까지 허용한다고 말이야.

대비가 아주 적절하네요!

그렇지. 그런데 그 부모들이 모르는 게 있어. 국가는 상업 경쟁에 개입하지 않는다는 사실이야. 기업은 광고를 자유롭게 할 수 있어. 광고검사실에서 통제하기는 하지만, 사람들에게 윤리적 충격을 안겨준다고 해도 광고 사용을 금지할 수는 없어. 광고를 비판할 수는 있지만 법으로 없앨 수는 없는 거야.

저는 도덕과 품행을 아주 중요하게 여기는 부모를 이해할 것 같아요. 딸들을 통제할 수 없을까 봐 두려운 거예요.

그 통제를 실행할 수 있는 수단을 그들은 이슬람에서 찾고 있어. 그래서 일부 부모나 오빠들이 딸이나 여동생에게 히잡을 착용하도록 강요하는 거야.

여자들은 모두 꼭 그렇게 입고 다녀야 하나요?

꼭 그렇진 않아. 하지만 그게 대세가 되고 있어. 일종의 공동체 유행으로, 자기 정체성을 확인하면서 아버지나 오빠를 잘 따르라는 계율에 복종한다는 표시로 말이지.

하지만 저는 베일 착용에 대해, 자유를 표현하는 것과 마찬가지로 개인의 선택이라고 주장하는 젊고 교양 있는 여성들을 텔레비전에서 종종 봤어요. 그런 주장 뒤에 아버지나 오빠는 없는데도요.

다시 강조하지만, 그들이 입고 싶은 옷을 입는 건 그들의 절대적인 권리야. 문제는 공적 영역(학교, 병원, 행정처)에 종교를 끌어들인다는 데 있어. 이는 프랑스 법에서도 부정되는 일로, 아빠도 같은 입장이야. 한번은 파리 시장이 시청의 공무원 한 사람을 해고해야 했는데, 그 여성이 베일을 벗지 않고, 남자와 악수하는 것도 거부했기 때문이야.

히잡을 착용해 남과 다른 자기를 드러내는 게 인종주의인가요?
히잡 착용이 다른 사람들에 비해 자기가 우월하다는 생각을 직접적으로 표시하는 건 아니야. 다른 사람들에 비해 우월하다고 믿을 때 인종주의자가 되지. 여기서 문제되는 것은 차이로 분리하고, 자기를 폐쇄하고, 자신의 공동체로 후퇴하는 데 있어. 바로 우리가 **공동체주의**라고 부르는 거지.

그럼 공동체주의는 인종주의인가요?
공동체주의는 공동체에 적용된 민족주의와 같은 거야. 프랑스에는 언어, 문화, 전통이 다른 여러 공동체들이 공존하고 있어. 하지만 이 모든 공동체는 프랑스의 사회문화 조직 안에 통합되도록 돼 있어. 만약 각 공동체들이 외부와 소통하는 문을 모두 닫아버리고, 각 종족이 다른 종족과 만나지도 않고 뒤섞이지도 않은 채 고립되어 산다면, 공동체의 수만큼 격리된 게토ghetto가 생길 거야. 이것이 바로 극우 세력이 원하는 바야. 각자 자기들만의 성城에 머무르며, 다른 공동체 구성원과는 뒤섞이지도 않고 결혼도 하지 않으려고 해.

프랑스는 통합 정책을 시행하고 있어. 현재로선 그다지 성공적이지 못한 것 같긴 하지만. 반면 영국과 독일은 아직 **분리화** 정책을 펴고 있어. 조금씩 태도를 바꾸고 있는 중이긴 하지만.

분리화 정책이 어떤 건가요?

공동체 사이를 구별해서 이방인들에게 그들을 받아들인 사회에 속하지 않는 이방인으로서, 앞으로도 계속 이방인으로 남겠다는 걸 확인시켜주는 정책을 말해. 영국과 독일 두 나라는 이방인 출신들을 통합하려고 하지 않아. 이방인들을 이주민으로 받아들이긴 하지만 그 자식들을 '꼬마 영국인' '꼬마 독일인'으로 여기지는 않는 거야.

분리주의는 이방인들이 자기들의 차이를 드러내면서 살 권리를 갖는 것이기도 해. 하지만 자기 문화 속에 갇혀 사는 사람은 다른 사람과 소통하지 않아. 그런 사람은 자기 폐쇄와 편견을 키워. 그거 알고 있니? 프랑스와 벨기에의 극우 세력이 '각자 따로 자기 집에서'와 '섞이지 않기'를 함축하는 '차이의 권리'를 높이 평가하고 있다는 걸!

프랑스는 모두에 대한 보편성이라는 이름과 공동의 가치에 따라 모든 사람이 프랑스인이 되기를 바라는 거지요?

이주민도 국적의 자격 기준을 충족시키면 프랑스 시민이 될 수 있어. 모든 토착 프랑스인과 똑같은 권리를 누리고 의무를 갖는 거야. 그렇게 프랑스는 동유럽, 이탈리아, 스페인, 포르투갈 등에서 온 수백만의 이주민들을 통합했어.

전에 내무부 장관을 지냈고 현재 경제재무부 장관이며 차기 대통령선거 후보인 니콜라 사르코지(2007~2012년에 프랑스의 대통령을 지냄. 이 대화 당시에는 자크 시라크 대통령 아래 경제재무부 장관으로 재직 중이었다_옮긴이)가 이주민의 자식이라는 건 너도 알고 있지? 그의 부모는 소련이 헝가리를 침공한 직후인 1956년에 프랑스에 도착했어. 과연 누가 니콜라 사르코지가 100% 프랑스 사람이 아니라고 주장할 수 있겠니?

'긍정적 차별' 정책(《부록》 참고)에 관해 말했던 사람이지요?

그래. 그는 그 얘기를 통해 프랑스는 외국 출신 프랑스인과 무슬림 종교를 가진 프랑스인을 중요한 자리에 채용해야 한다고 했어. 사실 '긍정적 차별'이라는 표현은 역설적인데, 차별 자체가 부정적인 행위이기 때문이야. 미국인들은 '긍정적 우대 조치affirmative action'라고 표현하지. 능력이 똑같을 경우, 국가는 이주민의 자식에게 우선권을 주어야 한다는 거야.

장마리 르 펜이 주장하는 것과 정확히 반대네요. 그는 "프랑스인 먼저!"라고 외치잖아요.

거기에 "오로지 그의 정당에 투표하는 토착 프랑스인 먼저!"라고 덧붙여야겠지.

조금 전에 프랑스에서 통합이 잘 안 되고 있다고 하셨어요?

지난 30여 년 동안 어쨌든 통합은 이루어졌는데, 그 과정에서 실패도 따랐지. 프랑스가 유럽에서 온 이주민들을 통합했을 때는 일이 잘 진행된 편이었어. 그 이유는 이주민들과 프랑스 시민들이 같은 유대 기독교 문화권에 속해 있었기 때문이야. 차이가 많지 않고 이질적인 것도 많지 않았으니까.

한편 아랍인들과 베르베르인들에 관해서는 적지 않은 유럽인들이 이슬람교가 그들에게 불리한 조건이고, 특히 여성의 지위와 관련해서는 더욱더 그렇다고 생각하지. 사람들은 일부 아프리카 출신 이주민이 프랑스 땅에서 여러 명의 부인과 같이 살거나, 마그레브 출신 이주민들이 아직도 그들의 출신국에서 했던 것처럼 아내를 버린다는 사실을 알게 됐어. 일부다처제나 아내를 버리는 행위는 프랑스에선 금지돼 있지. 또 아프리카 소녀들의 성기 일부를 절제하는 풍속(무슬림과 관계없는)도 금지돼 있어. 이런 일들은 몰이해와 비난을 일으키고, 최악의 경우 인종주의를 불러일으켜.

따라서 다른 나라로 이주한 사람은 새 법을 받아들이고, 그를 받아들인 사회와 양립한 전통과 관습은 포기하는 노력을 기울여야 해. 또 한편으로 **족외혼**이 늘어나고 있는 것도 좋은 추세야.

족외혼이 뭐예요?

족내혼의 반대말이지. 족외혼exogamie이란 단어에서 'exo'는 바깥을 뜻하고, 'gamie'는 끈, 즉 연결을 뜻해. 그러니까 그의 종족, 씨족이나 친족 바깥에 있는 사람과 결혼하는 걸 뜻해. 반면 족내혼은 친족 범위 내에서 배우자를 선택하는 거야. 지난 수십 년 동안 마그레브 이민자의 자식들은 25% 이상이 다른 민족, 다른 문화를 가진 사람과 결혼했어. 이것이 인종주의의 후퇴를 불러올 수 있는, 적어도 인종주의의 증가를 막을 수 있는 가장 좋은 방법 중 하나야.

다시 오래된 이민자 얘기로 돌아가서, 아빠는 이탈리아인과 폴란드인, 스페인인, 포르투갈인이 인종주의의 피해자가 되었다고 말씀하셨죠? 사람들이 그들을 마카로니Macaronis, 폴락Polacks, 리탈Ritals, 에스팽구엥Espingouins 등으로 불렀고(마카로니와 리탈은 이탈리아 이민자, 폴락은 폴란드 사람, 에스팽구엥은 스페인 사람을 가리키는 은어_옮긴이), 유대인들에게는 유팽Youpins과 같은 경멸조의 말로 조롱했다고 했어요.

그래. 심지어 그들이 이주했던 초기에는 이탈리아와 프랑스 노동자들 사이에 살인적인 폭력행위가 니스 지역에서 일어났고, 1930년대에는 수천 명의 폴란드인이 쫓겨나는 일도 있었어. 하지만 그건 과거의 일이야. 지금은 주로 마그레브 출신 이민자에 대해 안 좋은 소리들이 들리는데, 히잡 사건이 일어나면서 일이 더 꼬이게 됐지.

히잡 문제 말고, 마그레브 사람들에 대해 또 무엇을 비난하나요?
분명한 건 없단다. 하지만 알제리 전쟁(1954~1962)의 흔적이 아직 남아 있지. 그것은 프랑스의 어둡고 고통스런 현대사의 한 페이지야. 그때부터 프랑스에서 아랍에 반대하는 인종주의가, 특히 알제리 이주민들에 반대하는 인종주의가 펼쳐졌어. 다른 한편, 프랑스 땅에서 태어난 사람들을 비롯해 일부 알제리 사람들은 프랑스에 반대하는 자기 정체성을 이슬람 속에서 찾기도 해.
히잡 사건은 이 대립이 세계를 바라보는 두 개의 비전, 즉 여성의 지위와 사회에 관한 두 개의 관념이 양립할 수 없음을 분명히 보여주었어. 교조주의자들은 인권의 퇴보를 향해 행동하고, 이 나라에서 여성이 획득한 권리에 반대해 싸우고 있어. 반면 프랑스 여성들은 자신의 신체에 대한 자기결정권(피임, 낙태의 권리)을 획득하기 위해, 그리고 남성과 똑같은 권리를 얻기 위해 싸우고 있고. 한마디로 교조주의자들은 그들의 아내, 딸과 누이가 프랑스의 다른 여성들과 같은 권리를 요구하면서 자기들의 손아귀에서 벗어날까 봐 두려운 거야.

일부 마그레브 사람들은 그들 나름대로 프랑스에 반대하는, 더 정확히 말해 서구에 반대하는 인종주의를 발전시키고 있어. 이 인종주의가 때로는 비극적인 방식으로 표출되기도 하는데, 그 바탕에는 무지와 불신, 두려움이 있지. 2001년 11월, 코르시카섬의 갈레리아에서는 한 모로코인이 그의 딸이 무슬림이 아닌 프랑스 남자와 결혼하려 한다고 칼로 찌른 일도 있었어.

그럼 학교에서 쫓겨난 무슬림 여학생들은 어떻게 되나요? 학교 수업을 못 받게 되면 더욱 급진적으로 자기들의 신념을 밀고 나길 덴데요. 사회로부터 완전히 배제되는 거잖아요. 그건 그들에게 도움이 되는 일이 아니에요.

그래, 네 말이 맞아. 그들을 배제한다는 게 그들을 자유롭게 하는 것도 아니고, 그들로 하여금 세속주의의 타당성을 확신케 만드는 건 더더욱 아니지. 그들은 무슬림 사립학교에 갈 거야. 프랑스의 가톨릭교회는 1905년의 세속주의 법에 맞서 이른바 '자유학교'라고 칭한 사립학교를 세웠어. 유대인들도 그들 나름의 사립학교를 세웠지. 세속주의와 모순되지 않는 선택이야. 자녀에게 이슬람 문화를 고취하는 교육을 받게 하고 싶은 무슬림 가족도 프랑스 법이 허용하는 범위 안에서 나름의 학교를 세울 수 있어.

비슷한 사례가 네덜란드에도 많이 있는데, 그들은 무슬림 아이들이 다니는, 이른바 '이슬람 학교'라 불리는 학교를 30개 정도 세웠고, 재정 지원도 해줘. 그 학교에 다니는 여학생들은 학교에 들어갈 때 히잡을 착용해야 돼. 교육 과정은 다른 학교와 똑같아. 교육은 네덜란드어로 이뤄지고. 거기서 아랍어는 가르치지 않아. 나로선 베일을 쓴 여학생들이 나중에 현대 유럽 생활에 어떻게 적응할지 의문이야.

하지만 그런 건 이주민 가족 중 소수에게만 해당되지 않나요?
그렇긴 해. 하지만 그 소수가 보여주는 행동이 아랍과 무슬림, 교조주의자, 광신자 사이에 적지 않은 혼동을 일으키고 있어. 몇몇 단체의 책임자는 프랑스에 반대하기도 하고, 여성의 권리와 유대인들, 심지어는 동성애자들에 반대한다며 인종주의적 발언을 서슴지 않기도 해.

마침 얘기가 잘 나왔네요. **동성애 혐오**는 인종주의인가요?
동성애 혐오는 동성애에 대한 두려움의 표현이야. 그것은 동성애자들을 배제하고 경멸하고, 심지어 모욕하는 것으로 드러나는데, 심할 때는 폭력적인 신체 공격을 가하기도 하지. 실제로 2004년 1월에 못된 인간들이, 단지 동성애자라는 이유로 세바스티앙 누쉐 씨를 마구 때린 뒤 심하게 화상을 입힌 일이 있었어. 명백히 인종주의의 한 형태지. 동성애에 대한 거부가 살해로까지 이르게 하는 편견과 무지 그리고 불관용에 바탕을 두고 있기 때문이야. 차이에 대한 폭력적인 부정이라고 할 수 있어.

우리는 누구도 비켜가지 않는 인종주의 시대를 살고 있네요!
인종주의는 언제나 존재해왔어. 오늘날 새로워진 건 사람들이 인종주의에 관해 공개적으로 말할 수 있게 되었다는 점, 인종적 증오를 불러일으키는 사람을 처벌하고, 또 수백만의 유대인을 죽게 한 가스실의 존재를 부정하는 사람들(이들을 **부정주의자**라고 부르기도 해)을 처벌하는 법이 제정되었다는 점이야.
그와 동시에 인종주의자들이 더 이상 수치심을 느끼지도 않고 두려워하지도 않는다는 것 또한 사실이야. 그들은 극우파의 담론에 의해 죄의식을 벗어던졌어. 그들 중 일부는 지구를 뒤흔들고 있는 갈등을 핑계 삼아 그들의 행동을 정당화하기도 하지.

인종주의에 관해 아빠와 처음 대화를 나눈 게 7년 전인데요, 지난 몇 년 동안 많은 변화가 있었네요.
그렇지. 내가 보기에 인종주의는 더 심해졌고 다양한 모습을 띠고 있는 것 같구나. 그것은 또 정치적·식민주의적·종교적 갈등을 근거로 널리 퍼져나가고 있어. 이 모든 갈등과 전쟁의 뿌리에는 다른 사람, 약한 사람, 지배당하는 사람에 대한 멸시, 법률과 보편적 가치에 대한 멸시가 있단다.

우리는 지금 전쟁이 스타일과 양상만 바꿔, 엉터리 정체성과 종교의 이름으로 벌어지는 시대를 살고 있어. 그것은 가장 급진적이고 예측할 수 없는 비밀 무기인, 이른바 잔인한 광신주의에 의해 행해지는 테러와 관련되어 있단다. 테러는 그것이 갖고 있는 인종주의를 비롯해 명확한 이유 때문에 결코 용납되어선 안 돼. 모든 테러 조직 수장들의 주장은 증오에 바탕을 두고 있거든. 테러리즘은 무시무시한 무기야. 무고한 사람들을 죽임으로써 국민 모두에게 인종주의를 고취시킨다는 점에서 그렇단다.

다시, 한나 아렌트가《전체주의의 기원》에서 반유대주의에 관해 쓴 글을 인용하면서 결론을 맺기로 하자.

"테러는 그에 앞선 도발이 전제하지 않아도 일어나는데, 그 희생자들은 압제자의 관점으로 볼 때조차 무고한 사람들이다."

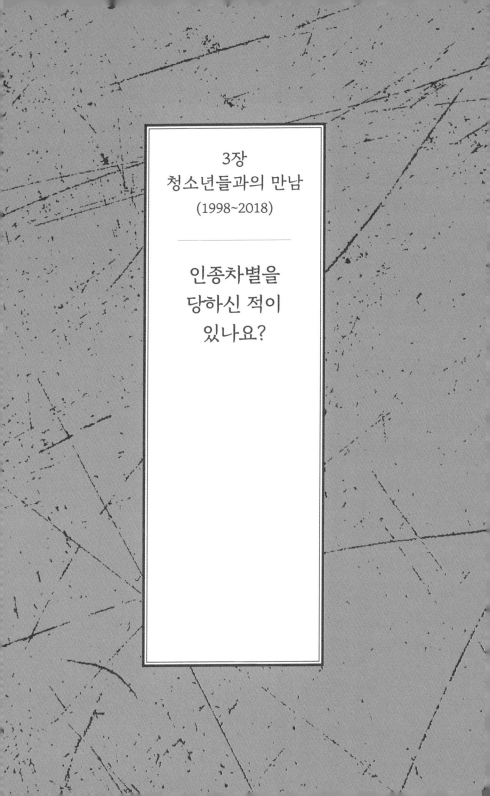

3장
청소년들과의 만남
(1998~2018)

인종차별을
당하신 적이
있나요?

인종주의에 관한 프랑스의 법규

1972년 7월 1일 프랑스 하원에서 만장일치로 제정된 이 법은 인종주의적 명
예훼손과 모욕을 처벌하도록 규정하고 있다. 또한 "어느 한 사람이나 한 집단
에 대해 특정 출신이라는 이유로, 또는 특정한 종족이나 인종에 속하거나 속
하지 않는다는 이유로, 또 특정 종교를 믿거나 믿지 않는다는 이유로 차별, 혐
오, 폭력을 부추기는 행위"를 처벌하도록 규정하고 있다. 이 법은 5년 이상 활
동한 반인종주의 시민사회단체에 기소권을 부여한다.

1948년 12월 9일, 유엔 협약은 집단 학살을 '반인류 범죄'로 인정했다. 협약은
집단 학살을 다음과 같이 정의한다. "집단 학살은 소멸시효가 없는 범죄로서,
한 민족이나 종족, 인종 또는 종교 집단의 전체 또는 일부를 박멸할 목적으로
저질러진 범죄다." 이에 국가는 원칙적으로 집단 학살이 확인된 때부터 '예방'
과 '처벌'을 위해 개입할 의무가 있다.

나는 1998년 1월과 5월 사이에 프랑스와 이탈리아에 있는 중·고등학교 15곳 정도를 방문해, 이 책을 읽은 중학교 1, 2학년 학생들을 주로 만났다(초·중·고 학제가 6-3-3인 한국과 달리, 프랑스는 5-4-3 학제를 채택하고 있다. 이 책에 등장하는 중학교 1학년은 한국의 초등학교 6학년에 해당한다_옮긴이).

내가 학생들에게 받은 일반적인 인상은 인종주의라는 주제가 이들의 관심을 끌고 있는 한편, 불안하게 만들기도 한다는 것이었다. 특히 깊은 우려를 드러낸 이들은 마그레브 이주민의 자녀들이었다.

일련의 토론 과정을 통해 다음 세 가지 논제가 드러났다. '어떻게 인종주의에 맞서 싸울 것인가?' '어떻게 사회통합을 성공시킬 것인가?' '파시즘과 국민전선에 대한 두려움, 그리고 톨레랑스(관용)의 한계'

선생님들은 학생들에게 사전 준비를 하게 했다. 그들은 이 책을 함께 읽고 해석하고 토론했다. 내가 학교에 도착하자 학생들은 사전에 부모님, 선생님과 함께 검토한 질문들을 내게 던졌다.

몽펠리에에 사는 중학교 1학년생이자 11살(이 책에 표기된 모든 나이는 만滿으로 표기되었다_옮긴이)의 검고 커다란 눈동자를 가진 자라가 물었다.

"학교에 아랍인들이 너무 많다는 이유로 자기 아이를 다른 학교로 보내는 아랍인 부모에 대해 어떻게 생각하세요?"

나는 자라한테 실제로 그렇게 한 아랍인 부모가 있는지 물으며 질문을 이어가게 했다.

"물론이죠." 자라가 대답했다.

나는 자라한테 내 놀라움을 전하고 이렇게 자문했다.

'이 어린아이한테 어떻게 자기혐오를 설명할 수 있을까?'

나는 즉답을 하기보다, 사회통합에 대한 간절한 소망을 이야기하는 쪽을 택했다.

"그분들은 자기 아이가 다른 아이들, 즉 프랑스 아이들처럼 되기를 너무나도 바라는 거란다. 자기 아이를 아랍 아이들과 떨어뜨려놓으면 차별당하지 않을 수 있으리라 생각하면서 말이다."

자라는 내 말을 가로막으며 말했다.

"하지만 그 아이는 다니던 학교를 떠나고 싶어 하지 않았어요.

그 부모들이 바로 인종주의자예요!"

자라를 맡고 있던 담임교사가 내게 말했다.

"실제로 저 아이가 겪은 일입니다. 저 아이는 그 일 때문에 무척 힘들어했어요."

아이들이 내게 던진 질문 가운데 자라의 질문은 나로서는 전혀 예상치 못한 충격적인 물음이었다.

나는 또 자기 아이들이 인종주의적 관점을 지니고 있거나, 심지어 국민전선 대열에 참여하고 있는 걸 알게 된 부모들이 혼란과 무기력함을 토로할 때 막막함을 느꼈다. 그들은 놀라워하면서 이렇게 말했다.

"하지만 우리는 자식들이 좋은 교육을 받을 수 있게 주의를 기울였습니다. 심지어 인종주의에 반대하는 활동도 해왔고요."

파리에 있는 '초록의 눈' 서점에서 마주친 한 어머니가 나를 불렀다.

"남편과 저는 드라마 같은 일을 겪고 있답니다. 15살과 17살난 두 아들이 마그레브인들한테 자주 공격당해요. 그럴 때마다 저는 아이들에게 일반화시켜서는 안 된다고 설명하지만, 아이들은 마그레브인들에 대한 인종주의를 키워나가고 있어요. 어떻게 해야 할까요? 이 책에는 그런 문제에 대해 자세한 언급이 없어요."

부르주에 있는 한 중학생은 같은 질문을 달리 던졌다.

"늘 우리 차고 앞에 주차하는 마그레브인들이 있어요. 그들을 끔찍이 싫어하는 아빠를 설득하기란 여간 어려운 일이 아니에요. 정말 골치 아픈 일이죠. 마그레브인들은 도무지 말을 알아들으려 하지 않아요…."

랭스의 한 교사는 이렇게 불평했다.

"마그레브 출신 학생들은 자기들끼리 아랍어로 떠들어요. 제가 알아들을 수 없게 말입니다. 제 신경을 자꾸 거슬리게 하는데, 어떻게 해야 하죠?"

같은 중학교의 4학년생인 14살 카미유가 물었다.

"톨레랑스는 어디서 멈추는 건가요? 같은 층에 사는 이웃이 14살짜리 딸을 강제로 결혼시키고 베일을 쓰고 다니도록 강요할 때 어떻게 해야 하나요?"

카미유에게 대답한 사람은 말리카였다.

"프랑스에서는 그렇게 할 수 없어. 만일 우리 아빠가 나를 억지로 결혼시키려고 한다면, 나는 제일 친한 친구 집에 숨어버릴 거야."

랑드 지방에 있는 인구 5000명의 소도시 바자스에서 한 영국인 여학생은 프랑스에서 아랍계 여학생들이 히잡을 착용했다고 논란이 크게 일어난 일에 놀라움을 표시했다.

"프랑스보다 영국이 훨씬 더 관용적이에요!"

부르주에 있는 한 중학교 행정실에서 근무하는 라시다는 아이들끼리의 토론에 끼어드는 것에 양해를 구하며 이렇게 물었다.

"선생님은 언제쯤 '부모에게 들려주는 인종주의' 같은 책을 쓰실 건가요?"

그녀는 무슬림이 아닌 유럽인과 결혼하는 것을 부모한테 허락받기가 얼마나 어려운지 토로하면서 이렇게 덧붙였다.

"저한테는 그것도 인종주의예요. 우리 부모님은 외국인을 꺼려해요. 저는 제가 사랑하는 남자가 우리 부모님한테 결혼을 허락받기 위해 허울뿐인 개종改宗을 하는 걸 원치 않아요."

루베의 한 중학교 1학년생이자 12살인 우리아가 물었다.

"인종주의자를 부모로 둔 아이는 과연 영향을 받을까요?"

롬므 지방의 중학교에 다니는 12살 실비도 같은 질문을 했다.

"만일 우리 가족이 인종주의자라면 저도 인종주의자가 되는 건가요? 제가 부모님께 충고해줄 수 있을까요?"

실비의 친구 카린이 덧붙였다.

"우리 중학교에 인종주의자가 한 명 있는데요, 그 애는 선생님이 쓴 이 책을 읽으려고 하지 않았어요. 그건 그 애 잘못이 아니라 그의 가족이 이상한 탓이에요. 우리는 그 친구와 이야기해보려고 애써봤지만 아무 말도 들으려고 하지 않았어요. 어떻게 해야 할지 모르겠어요. 그를 설득할 수 있도록 조언 좀 해주세요."

바자스 지방의 고등학교 1학년생인 말리카는 알제리 태생의 부모님 아래 프랑스에서 태어났다. 지중해 항구도시 툴롱에 사는 오빠는 '직장을 구해 정상적인 삶을 살고 싶다'는 희망으로 이름을 통째로 바꿨다고 한다. 말리카는 잠시 침묵한 뒤 말을 이었다.

"하지만 오빠의 삶에는 아무런 변화도 없었어요. 얼굴 모습은 바꿀 수 없으니까요! 저는 여기서 잘 지내고 있지만요."

프랑스인과 알제리인 사이에서 태어난 압델이 말리카를 바라보며 말했다.

"저는 유머로 인종주의에 맞서는 법을 배웠어요. 보르도에 살 때 저는 인종주의적 비난을 들을 때마다 웃음으로 응수했죠. 하지만 제 여동생은 많이 힘들어했어요. 결국 심리치료를 받아야 했어요."

모든 아이들이 압델처럼 인종주의적 모욕을 비웃음으로 응답할 수 있는 능력을 갖추고 있는 것은 아니다. 가는 곳마다 나는 똑같은 질문을 반복해서 받았다.

"인종주의적 공격에 대해 어떻게 반응해야 할까요? 선생님 책에는 그런 경우 어떻게 해야 하는지 말해주지 않아요."

그렇다. 이 책에 비어 있는 부분이다. 나는 맞서야 한다고, 그냥 넘어가지 말라고, 연성 마약이나 저칼로리 탄산음료처럼 가볍고 부드러운 인종주의가 존재한다고 믿어서는 안 된다고 환기시키며, 인종적 반목反目을 조장하는 행위에 대한 처벌이 법적으로 규정되어 있다고 대답해주었다.

하루는 몽텔리마르의 한 중학교에서 학생들과 토론을 이어가고 있는데, 그 자리에 참석한 교장이 신호를 보내왔다. 그러자 한 교사가 내게 귓속말로 이렇게 말했다.

"주의하셔야 합니다. 학교에서 폭력을 조장해서는 안 됩니다. 여기서 폭력은 아주 심각한 문제입니다. 자칫 아이들이 학교에서 싸우는 게 정당하다고 믿을 위험이 있습니다."

나는 정정했다. 인종주의적 모욕에 대해 또 다른 인종주의적 모욕으로 응수할 게 아니라, 침착하게 서로 이해할 수 있도록 교실에서 모두 함께 대화하는 기회로 삼아야 한다고 말이다.

같은 중학교의 2학년생인 앙드레가 내게 말했다.

"저는 한 번도 인종주의를 겪은 적이 없고 저도 인종주의적 언행을 한 적이 없어요. 하지만 프랑스에 살고 있는 북아프리카 사람들은 프랑스인들을 대할 때 인종주의적인 태도를 보여요. 프랑스에 살고 있는 일부 외국인들은 우리 법규를 인정하지 않으려고 해요."

같은 반의 로랑도 비슷한 관점을 드러냈다.

"인종주의의 대부분은 흑인들과 마그레브인들이 백인들을 도발해서 일어나는 것 같아요. 텔레비전 뉴스를 보면, 프랑스 사람이 아랍인을 살해한 경우는 2주 동안 떠들썩하지만, 반대의 경우는 2~3일이면 끝나버려요."

또 같은 반의 한 학생도 내게 이렇게 귀띔했다.

"저는 인종주의자는 아니지만, 어떤 아랍 사람들은 좋아하지 않아요. 바보 같거든요. 한번은 아랍인들한테서 '더러운 치즈'(프랑스인을 깎아내리는 속어_옮긴이)라고 욕하는 소리를 들었어요."

마를렌느가 말했다.

"우리의 피부색이 파랗든 초록이든 까맣든 빨갛든 노랗든 하얗든, 우리는 모두 하나의 심장과 하나의 두뇌를 갖고 있어요. 저는 이제까지 어느 누구에게도 모욕당하지 않았고 그 누구에게도 모욕해본 적이 없어요."

이 말에 대한 메아리처럼 바자스의 고등학교 2학년생인 아리안느가 말했다.

"한 가지 고백할 게 있는데요, 어렸을 때 같은 학교 친구를 '깜둥이'라고 부른 적이 있어요. 하지만 그 뒤로 다시는 그런 말을 하지 않았어요."

랭스의 중학교 1학년생인 12살 제시카는 "부모님과 친구들이 인종주의자가 아니라면, 왜 인종주의자가 되나요?"라고 물었다.

같은 반 친구 아르튀르가 물었다.

"만약에 선생님 딸이 인종주의자라는 걸 알게 되었다면 어떻게 반응하실 건가요?"

마리옹은 "선생님 딸이 인종주의의 피해를 입은 적이 있나요?"라는 질문을, 프레데릭은 "선생님은 인종주의의 피해를 직접 겪으신 적이 있나요?"라는 질문을 퍼부었다.

내 딸과 나는 적어도 직접적이고 폭력적인 방식으로 인종주의의 피해를 입은 적이 없다고 말하자, 그들은 놀라워했다. 마그레브 아이들은 우리가 특혜를 받은 것이라고 말했다.

나는 프랑스를 순회하며 토론회에 참석하기 전까지만 해도 11~15살 아이들이 국민전선의 활동에 대해 심각하게 우려하고 있다는 사실을 알지 못했다. 그들은 이 정당과 인종주의의 폐해를 동일시했고, 프랑스의 민주주의가 왜 국민전선 운동이 퍼져나가는 걸 그대로 놔두는지 이해하지 못했다.

몽펠리에 있는 중학교 4학년생 아이들은 내게 국민전선의 위험성에 대한 질문만 던졌다. 랭스에 사는 14살의 이샴이 내게 말했다.

"만일 공화국이 더 이상 존재하지 않는 날이 온다면, 모든 이주민들을 추방하는 독재가 등장할 거예요. 그러면 선생님은 어떻게 하실 건가요?"

더 설명해보라고 북돋아주자 그가 분명하게 말했다.

"극우 정당은 독재를 세우고 우리 공화국을 끌어내리는 게 목표일 텐데, 만일 우리가 그들을 내버려둔다면 그들은 그렇게 하고 말 거예요."

또 다른 마그레브 학생이 물었다.

"인종주의를 반대하는 법이 있다면, 왜 국민전선 같은 정당이 금지되지 않는 거죠?"

몽펠리에 중학교에 다니는 라시드는 다른 방식으로 물었다.

"어디까지 참아야 하나요? 톨레랑스는 모든 사람에게 언제나 적용되어야 하는 건가요?"

여기서 나는 정의와 인간의 존엄성이 무시될 때만큼은 앵톨레랑스intolérance(불관용)를 옹호하지 않을 수 없었다. 불의와 굴욕, 살인적 증오는 용인될 수 없다.

톨레랑스는 참아서는 안 될 것에 대해 무기력하지 않는 한에서만 미덕일 수 있다. 관용이라는 것은 현실을 참작하면서 다른 것을 존중하는 것이다. 관용적이면서 주의 깊어야 한다. 전투적이고 보복적이며 잔인한 인종주의 앞에서, 톨레랑스의 한계는 이미 지나치고도 남았다. 그럴 때는 맞서고 행동하고 방어해야 한다. 종종 그것은 자신의 신체적 온전함을 지키고, 자신의 생명과 아이들의 생명을 구하는 것과 관련된다.

같은 반 학우 콩스탕스가 물었다.

"국민전선의 세력이 강해지는 걸 보면서 선생님은 어떤 생각을 하세요?"

노에미가 목소리를 높였다.

"인권을 보장하는 나라에서 왜 국민전선과 같은 정당을 허용하는 거죠?"

바자스 지역의 학생들 대부분은 농촌 출신이다. 한 교사는 내게 "여기서 인종주의는 거의 생소한 일입니다"라고 설명했다.

토론이 끝날 무렵, 아이들은 이 작은 책이 없었더라면 인종주의적인 혐오가 존재하는지도 몰랐을 것이라고 고백했다. 나는 그 고등학교 전체를 통틀어 검은 피부를 가진 한 명의 남학생과, 그 지역 특유의 억양을 완벽하게 구사하면서 그 사회에 완벽하게 통합된 마그레브 출신 여학생 말리카를 보았을 뿐이다.

우리 주변에 외국인이 없다면 인종주의도 사라지는 걸까? 꼭 그렇지는 않을 것이다. 왜냐하면 아이들과 이야기를 나누면서 인종주의 문제가 그들에게 기본적인 것은 아니라 할지라도 나름 걱정거리라는 걸 알았기 때문이다.

오렐리가 내게 물었다.

"자신도 의식하지 못한 채 인종주의자가 될 수 있을까요?"

엘로디가 물었다.

"무엇이 선생님에게 인종주의를 공개적으로 고발하도록 이끌었나요?"

그 학교의 유일한 흑인 아이는 아무 말도 하지 않았다. 토론이 끝난 뒤 그 아이는 내게 다가와 책을 건네며 사인을 부탁했다. 그리고 이렇게 말했다.

"그런데 선생님, 인종주의가 무슨 소용이 있는 걸까요?"

루베 지방의 이른바 '교육우선지역ZEP'(학생들의 학업 성취도가 프랑스 평균에 비해 현저하게 뒤떨어지는 지역으로, 이주민들이 많이 사는 대도시 외곽 지역은 대부분 교육우선지역에 속한다. 학교에 재정 지원을 하고 자율성을 주고 있으며, 지금은 '교육우선네트워크REP'로 명칭이 바뀌었다_옮긴이)의 중심에 위치한 한 중학교에서 나는 학생들이 프랑스어 선생님과 함께 준비한 질문의 세례를 받았다. 첫 질문은 이 책에 들어 있는 모순에 대한 것이었다.

"혼혈아들이 다른 아이들보다 더 아름답다고 말하는 것은 인종주의의 또 다른 형태가 아닐까요?"

이 질문은 내가 방문한 교실마다 나왔다. 마찬가지로 일부 독자는 이 책에서 인종주의자를 '더러운 놈'이라고 부른 것에 충격을 받았다.

몽펠리에의 중학교에서 스테파니가 내게 말했다.

"좋아하지 않는 사람도 존중할 줄 알아야 한다고 하셨잖아요? 그런데 책 마지막 부분에 가면 선생님은 인종주의자를 '더러운 놈'으로 취급하고 있어요. 그건 어떻게 받아들여야 하나요?"

랭스의 한 중학교 2학년생인 에스텔이 물었다.

"이 책을 쓰기 전에 예상되는 찬반양론에 대해 검토해보셨나요?"

같은 학급의 또 다른 오렐리가 물었다.

"인종주의자를 전향시키는 데 성공하신 적이 있어요?"

이런 토론에 다른 주제와 질문들이 보태졌다. 누구보다도 마그레브 아이들이 두려움을 가장 많이 호소했는데, 그 두려움은 인종주의적 공격에 대한 것이 아니라 프랑스 사회에서 자기 자리를 찾지 못할 수도 있다는 데서 온 두려움이었다.

14살 나디아가 질문했다.

"사회통합이라는 게 뭔가요? 알제리인 부모 아래 프랑스에서 태어나 집에서는 아랍어를 말하는 제가, 언젠가 이 사회에 제대로 통합될 수 있다는 걸 말하는 건가요?"

나디아의 질문은, 자기 자식이 다른 아랍인들과 어울리는 걸 바라지 않는 아랍인 부모에 관해 자라가 던진 질문과 연결되었다. 그녀는 이름을 바꾼 말리카의 오빠를 상기시켰다.

누구보다도 이주민들의 아이들이, 부모의 출신국에서는 미래를 설계할 수 없는 프랑스 아이들이, 이 나라와 이 나라의 역사로부터 배제되는 날이 오지 않기를 바란다는 아름다운 의지를 그들의 쉬운 말로 강조하면서 가장 깊은 우려를 나타냈다.

인종주의에 대해 잘 모른다고 말한 바자스 지방의 아이들은 내게 한목소리로 아름다운 질문을 던졌다.

"우리가 어떻게 자라나기를 바라시나요?"

몽텔리마르 지방의 중학교 2학년생인 토마는 서툰 글씨로 쓴 쪽지를 내게 건넸다.

"인종주의란 전쟁 속에 눈을 둔다는 것이다."

뒷면에는 다음과 같은 자기 고백을 적었다.

"나는 인종주의자들의 바보 같은 짓을 이해할 수 없다. 그것은 지성이 없다는 증거다. 나는 인종주의에 반대한다. 왜냐하면 백인이든 흑인이든 황인이든, 모든 인종은 평등하고 똑같기 때문이다. 나는 아주 어렸을 때부터 다양한 친구들과 사귀었다."

* * *

1998년 4월 9일, 캄피돌리오(로마 시청) '델라 프로토모테카'라는 공간에서 열린 초·중학생 모임에는 10살부터 14살까지의 아이들이 선생님과 일부 학부모와 함께 모였다.

"선생님은 책에서 흑인보다 백인들의 인종주의가 더 확산되고 있다고 지적하셨는데요, 인종주의는 흑인들에게도 있어요. 인종이 어떻든 인종주의가 사라지게 만들려면 우리가 어떻게 해야 하나요?"

나는 12살 로베르토의 질문에, 노예제도에 희생된 사람은 언제나 아프리카 흑인이나 '붉은 피부'라 불리는 아메리카 인디언과 같은 유색인이었음을 상기시켰다. 그러나 인종차별의 피해자라고 해서 자기들과 다른 사람들한테 부당하게 행동하지 않는 것은 아니다.

13살의 이사벨레는 5살 때 에티오피아에서 이탈리아로 이주해왔다.

"지난 역사에도 불구하고 사람들이 여전히 파시즘을 신봉한다는 사실을 어떻게 설명해야 할까요?"

12살의 에티오피아 출신 달락이 물었다.

"두려움과 무지 이외에 또 어떤 것들이 인종주의를 낳게 만드나요?"

어리석음이다.

13살인 미켈레가 끼어들었다.

"인종주의가 무지의 산물이라면, 왜 교양 있는 사람들도 인종주의자가 되는 건가요?"

앎, 학식, 학습과 같은 문화가 항상 선善이나 진보라는 개념과 일치하는 것은 아니다. 다른 인민들에 대해 많은 것을 알면서도 자기가 그들보다 우월한 양 행동하고, 자신의 문화가 다른 사람들의 문화보다 더 낫다고 믿고 또 남에게 믿게끔 할 수 있다. 그런데 문화를 특징짓는 게 있다. 어떠한 도덕적 · 정치적인 가치 판단도 개입할 수 없는 문화 사이의 다양성과 차이다.

나는 1998년 3월 28일 토요일, 국민전선에 반대하는 파리 시내 시위 현장에서 본 슬로건을 상기시켰다. "인종주의가 시작되는 곳에서 지성은 멈춘다!"

13살 난 파비오가 말했다.

"인종주의는 습기랑 비슷해요. 시간이 흐르면 집을 무너뜨리죠."

10살짜리 실비아가 물었다.

"선생님 생각에, 인간은 자유로운가요?"

이렇게 엄중한 질문을 던진 아이에게 뭐라고 대답해야 할까? 나는 그에게 이렇게 말했다.

"인간의 자유는 인간의 손안에 있단다. 그가 자유롭고 싶다고 결정한다면, 그는 자유로울 거야. 즉, 어느 누구도 그의 생각을 멈추게 할 수는 없단다."

이탈리아 풀리아 주 트라니에 있는 베키과학고등학교에 다니는 15살 귀도가 말했다.

"제 생각에 이탈리아의 상황은 프랑스처럼 심각하진 않은 것 같아요. 여기에도 슬픈 일들이 있죠. 남부에 사는 사람들에 대한 혐오 같은 거요. 저는 인종주의를 완전히 없앨 수 있다고는 생각하지 않아요. 저 역시 냄새나는 거지들을 보면 인종주의적인 감정이 생길 때가 있어요. 사실 제 반응은 그렇게 비참한 지경에 이르지 않도록 모든 노력을 다해야 한다는 걸 뜻하는 거예요. 저의 인종주의는 예방적인 것이죠. 다른 사람들의 거부감을 불러일으킬 만한 상황에 이르지 않도록 해야 한다는 거예요."

나는 귀도가 느낀 거부감은 엄밀한 의미에서 인종주의가 아니라, 자신에게 일어날 수도 있는 상황을 비추어 보며 갖게 되는 일종의 '불편한 감정'이라고 설명해주었다. 사실 그 애가 말하고자 했던 것은, 인종주의를 경험하면서 어느 날 그런 행동의 피해자가 되는 걸 결코 바라지 않는다는 것이었다.

같은 고등학교에 다니는 14살의 엘리사는 나에게 다음과 같이 지적했다.

"인종주의자가 아닌 선생님 딸한테 인종주의를 설명하는 건 쉬워요. 하지만 차이를 인정하지 않는, 노골적으로 인종주의자인 사람한테 인종주의를 설명하려면 어떻게 해야 하나요?"

불관용과 인종주의는 대화를 거부하는 행동양식을 포함한다. 듣기를 거부하고, 누구의 말도 믿으려 하지 않으며, 신경질적으로 자기 진영에 갇혀 있는 사람에게 어떻게 말해야 할까? 거만한 인종주의자에겐 법으로 맞설 수밖에 없다.

1998년 6월 10일, 미국 텍사스에서 차 뒤에 흑인 한 명을 매달고 죽을 때까지 끌고 다닌 세 명의 백인은 어떤 합리적인 설교도 들을 수 없을 것이다. 오직 정의와 처벌만이 그들에게 말할 수 있다.

13살의 조반니가 말을 이어갔다.

"그렇다면 인종주의자인 부모를 가진 아이한테 어떻게 인종주의를 설명할 수 있을까요?"

파리 20구에 있는 한 학교의 특별반은 중학교에 진학할 만한 성적을 얻지 못한 학생들로 이루어져 있다. 그들한테는 다른 수

업 과정이 마련되어 있다. 그들 중 몇몇은 중학교에 진학하거나 기술학교로 가지만, 다른 아이들은 학교 다니기를 그만둔다. 왜냐하면 진학 실패가 그들을 늘 따라다니기 때문이다.

이 학생들의 나이는 12살부터 14살까지인데, 대부분이 가난한 이주민 가족의 아이들이다. 이런 학급의 학생이라는 사실은 이중의 의미를 지닌다. 하나는 학업 실패를 인정한다는 것이고, 다른 하나는 점차 전망이 좁아진다는 것이다.

그들은 이 점을 잘 알고 있고, 그에 대해 솔직하고 냉철하게 표현했다. 그들의 이야기 속에는 절망도 들어 있다. 여기서 인종주의는 그들을 기다리는 배제의 결과로 경험된다. 왜냐하면 그들은 이 특별반이 거절당하고 거리로 내쫓기기 전의 대기실이라는 것을 잘 알고 있기 때문이다.

교사들은 최선을 다한다. 교사들은 가르치는 데뿐만 아니라, 사회가 자기를 구하거나 통합하지 못할 거라고 믿고 있는 청소년들에게 희망을 주고 용기를 북돋아주는 데에도 신경을 쓴다. 하지만 아이들은 다른 사람들을 쳐다보며, 분노와 절망의 표시인 인종주의적 성격을 지닌 말들을 퍼부었다.

알제리인 부모 아래 프랑스에서 태어난 14살 된 라시드는 학급에서 말이 가장 많고 걱정도 많았다.

"어째서 아랍 사람이나 무슬림들은 옷차림도 후줄근하고, 보도를 청소하고, 항상 힘든 육체노동을 해서 손이 더러운데, 또 다른 한편으로 유대인들은 멋진 양복을 입고 사무실에서 다른 사람들을 부리거나 은행이나 병원에서 일하는 거죠? 왜 우리는 항상 나쁜 평가를 받고 꼴등을 하는지 알고 싶어요."

"하필이면 왜 유대인들이지?"

내가 그에게 물었다.

잠시 침묵한 뒤 라시드가 이렇게 대답했다.

"왜냐하면 그들은 우리를 좋아하지 않으니까요."

그럼에도 라시드는 이 책을 읽었다. 그는 유대인들이 견뎌내야 했던 것에 대해, 또 얼마나 박해받았는지에 대해 알고 있었다. 그러나 그는 오늘날 유대인들이 '아랍인들에게 얼마나 부당하고 나쁜 행동을 하는지'에 대해 이야기하지 않았다고 나를 힐책했다. 그는 이스라엘과 팔레스타인 간 분쟁에 대해 말하고 싶어 했다.

이 지적은 몽펠리에의 중학교 1학년생인 자라의 질문과 연결된다. 자라는 학교에 아랍인들이 너무 많다고 판단한 부모의 강요에 의해 다른 학교로 옮겨야 했던 일로 힘들어했다. 아랍인에 대한 이미지는 상당히 평가절하되어 있다. 아이들은 자신들의 생활 속에서, 또 다른 사람들과의 관계 속에서 그것을 느낀다.

자기혐오의 표현인 이 인종주의는, 학업이건 직업이건 경제적 면이건, 실패로 인한 불행에 의해 강화된다. 이 나라 안에서, 이 사회와의 조화가 자신에게 아무런 미래가 없다는 것을 알고 있는 아이는 심리적으로도 취약하다. 그는 사회의 일반적 기준에서 벗어나 있다. 일상생활에서 다른 사람들과의 대조는 그들의 충동을 자극한다.

학업 실패는 일반화된 거부의 탓으로 돌리기 쉽다. 논리적으로 생각해볼 때, 경제적으로 불리하다고 느끼면 그로부터 벗어나기 위해 더 열심히 공부하도록 고무되어야 하는데, 이 경우 가난은 패배와 포기와 같은 반대의 반응을 불러일으킨다.

종교와 무관하고 공화주의적인 공립학교는 이주민의 아이들을 사회에 통합시키기 위한 훌륭한 도구다. 그러나 이 사회통합이 온전히 이뤄지기 위해서는 가족들과 직접적인 환경(미디어는 이러한 일상적 싸움에서 중요한 역할을 담당한다)에 대한 노력이 절실히 필요하다. 그러지 않으면 인종주의는 틈과 균열을 비집고 들어서서 우리의 정신 속에 안착할 것이다. 자기 방어를 위해서든, 논증과 지각의 허약함을 일시적으로 완화시키기 위해서든 말이다.

＊ ＊ ＊

어떤 아이들은 나의 방문에 맞춰 자기가 쓴 글을 내게 전해주기도 했다.

몽텔리마르의 한 여학생은 내 딸 메리엠을 위해 쓴 시 한 편을 나에게 주었다.

기둥 사이에 누워서
아름다운 소녀가
빛나는 달빛 아래 웃고 있었다.
인디언일까 모로코인일까.
사랑스럽고 미움이 깃들지 않은 소녀는
양모를 짜고 있었다.

같은 중학교에 다니는 세 명의 소년도 다음의 시를 썼다.

빨강 파랑 초록 혹은 검정
아프리카의 색깔이여
그것이 삶을 망치는 걸까?
그것이 그렇게까지 할 수 있을까?
그것의 삶은 부끄러움이 아닌데
우리 쪽 사람들은 그것을 싫어하네.
사랑으로 꿈틀대는 한 나라를 끌어안는 것,
그것이 치명적인 것일까?

마지막으로 중학교 1학년생 로맹의 시다.

인종주의가 존재하는 한

기다림은 소용없는 것.
인종주의라는 말을 지워버리고
이방인에게 평화를 선물하라.
몇 방울의 평화의 즙을 보태라.

4장
독자들의 목소리

나는
인종주의자가
아닙니다만…

＊ 책을 펴내고 나는 독자들에게 많은 편지를 받았다. 모두 흥미롭고 고무적인 내용들이다. 1000여
통의 편지 가운데 네다섯 통만이 공격적이고, 노골적으로 인종주의적이며, 특히 격렬하게 반反
아랍적인 내용들이었다. 대개는 인종주의가 제기하는, 그중에서도 프랑스에서 인종주의가 제기
하는 문제들에 관한 진지한 성찰에 기여하기를 바라는, 비판적이지만 긍정적인 편지들이 많았다.
편지를 보내준 독자들 중 몇 분은 고맙게도 이 작은 책을 자기 것처럼 여기고, '우리의 싸움'을
위해 '우리의 책'에 대해 꼼꼼하게 지적해주었다.

1. 문제가 된 단어들

나는 1933년에 이미 활동을 시작한 나치들을 떠올리면서 '나치들' 대신 '독일인들'이라고 쓰는 실수를 저질렀다. 로느네아뉘 씨는 내게 이런 편지를 보내왔다.

내 생각에, 프랑스에서 보기에 나치의 반(反)유대적인 담론에 맞서 들고일어난 독일인들에 대해 들어본 일이 거의 없었다고 할지라도, 당신이 예증을 제시하면서 나치들이 아닌 독일인들이라고 쓴 것은, 지나친 일반화의 문제를 강하게 지적해온 당신의 논지의 올바름과 사실의 정확성, 우리가 우리의 이웃들과 강화하고자 하는 우호 관계에 해롭다고 봅니다.

또 하나 지적하고자 합니다. 당신은 "흑인들 또한 (…) 인종주의적인 행동양식을 가지고 있다"라고 썼습니다. 나는 "흑인들도 다른 모든 사람과 같습니다. 그들 중 어떤 사람들은 인종주의적인 행동양식을 가질 수 있습니다"라는 내 의견을 당신께 완곡히 제안합니다.

나는 또한 단어 본래의 의미와 그 단어의 사회적 맥락에서의 쓰임새가 서로 다른, 이중적 정의를 지니고 있다는 사실을 미처 생각하지 못하고 '장애handicap'라는 단어를 사용했으며, 그에 대한 아름다운 편지를 받기도 했다.
다음은 라로셸에 사는 파트릭 프리외르 씨의 편지글 일부다.

97쪽에서 당신은 "인간의 다양성은 풍요로움이지 장애가 아니"라고 썼습니다. 이 단어의 사용은 잘못된 것이고, 더 나아가 위험한 것입니다. 당신은 이 주제에 관해서 어떤 지적도 하지 않았습니다. 그것은 대단히 유감스러울 뿐만 아니라, 다시 반복하지만 위험한 것입니다. '장애'라는 단어를 '경멸적'인 것으로 옮기면, 한 사람을 신체적으로나 정신적으로 열등한 상태로 규정하는 불구를 강조하게 됩니다. 장애인들은 더욱 은폐된 인종주의의 희생자가 되는데, 직접적으로 폭력을 가하는 것이 아니라 오히려 그 반대로 '이웃에 대한 사랑' '연민' 등 겉으로는 호의인 양 보이게 하기 때문입니다.

제2차 세계대전 당시 집단수용소에 관한 역사는 장애인들이 그 첫 희생자들이었음을 상기시킵니다.

한 인간의 '장애'는 사람들을 불편하게 만드는데, 의식적으로든 무의식적으로든 인간의 허약함을 상기시키기 때문입니다. 그래서 나는 인종주의자가 자신을 불편하게 만드는 것을 좋아하지 않는다는 사실, 그것을 두려워한다는 사실에 관해 당신과 의견을 같이합니다. 아이들은 장애 어린이를 분간하지 않습니다. 그런 존재는 없으니까요. 그저 한 아이일 뿐이죠. 잘못은 훨씬 나중에 일어납니다.

나는 당신의 얘기처럼 학교가 인종주의에 맞서 힘껏 싸우기를, 그렇지만 그 과정에서 강한 사회적 어감을 지니고 있는 '장애'라는 단어와 결합되지 않기를 바랍니다. 그리고 '장애 인종주의 racisme handicap'라고 결합된 두 단어는 해악을 불러오고, 장애인들을 배제에서 구하는 데 아무런 기여도 하지 않습니다.

나는 파트릭 프리외르 씨에게 답장을 썼다.

나는 '장애'라는 단어의 사용에 대한 당신의 지적이 옳다고 인정합니다. 책을 다시 찍으면서 이 단어는 '방해물' 등으로 대체했습니다. 나는 인종주의에 관한 이 책에서 장애인들에 대한 거부(불신·공포·주저) 문제를 말하려고 하지 않았습니다. 그것은 성찰하지 않고 성급하게 '청년에 반대하는 인종주의' 혹은 '노인에 반대하는 인종주의'라고 부르는 것과 비슷한, 즉 하나의 다른 문제입니다.

고네스에 사는 다 피에다드 씨는 이렇게 썼다.

우리는 모범을 보이는 것으로부터, 그리고 우리가 사용하는 단어에 주의를 기울이는 것에서부터 시작해야만 합니다. 불행히도 내 생각에 당신은 당신의 의지와 상관없이 한 가지 실수를 두 번 되풀이한 것 같습니다.

1) 80쪽: "(…) 유색인도 인종주의자가 될 수 있어."

2) 96쪽: "하지만 부모가 아이에게 유색인 아이들을 경계하라고 가르친다면, 그 아이는 다르게 행동할 수 있어."

일반적으로 나 같은 흑인들은 유색인으로 지칭됩니다(혹은 조심스럽게, 혹은 거부감으로, 혹은 습관적으로, 결국은 흑인이라고 말하지 않기 위해). 마치 그들이 다른 사람들과, 이 경우에는 색깔이 없는 것으로 여겨지는 백인과 다르다는 듯 말입니다. 따라서 백인이 기준이고, 흑인은 이 기준과의 관계를 통해 규정되므로, 기준에서 벗어난 것에서 나아가 비정상적인 게 됩니다. 그런데 나는 학교에서 언제나 흑·백·녹·황·적 등 모두가 색깔이라고 배웠습니다. 이 원칙을 놓고 볼 때, 당신은 누구를 '유색인'이라고 부를 수 있느지 내게 말해줄 수 있겠습니까?

이 지적이 건설적인 것으로 이해되길 바랍니다. 왜냐하면 여가활동센터의 활동가와 관리자로 일했고, 지금은 아동서비스센터의 책임자로 일하고 있는 나는, 인종주의에 반대하는 담론을 진전시키기 위해 작업하는 모든 사람들에게 특히 민감하기 때문입니다.

니스에 사는 니앙 씨는 다음과 같은 지적을 했다.

우리의 인간적 감수성에 어긋나는 말의 사용이 마녀사냥이 되어선 안 됩니다. 왜냐하면 우리가 그것들을 비난한다고 하여 그것들이 존재하는 것을 막는 게 아니기 때문입니다. 더욱이 그것들에 대한 비난이 그 의미를 비우는 게 아니라, 오히려 우리가 그 말들에 금지의 왕관을 씌워주는 꼴이 될 수 있으니까요. 그것은 정치적 올바름을 방패삼아 도발을 부추기게 할 뿐입니다. 우리 스스로가 빠질 함정을 파지 맙시다. (…) 말들에 대해 인종주의자가 되지 맙시다. 말의 독재를 주장하지 맙시다.

2. "더러운 놈"

많은 독자들이 첫 번째 대화의 마지막 부분에서 메리엠이 '더러운 놈'이라는 말을 사용한 것에 항의했다.

브뤼셀의 이세트 씨는 다음과 같이 썼다.

나도 당신이 그렇게 하듯이 인종주의를 비난합니다. 나는 인종주의자가 그들의 말과 행동에 대해 책임져야 하며, 따라서 (인종주의자로서) 그들이 한 말과 행동은 비난받을 만하다고 봅니다. 그렇지만 나는 그들의 존재를 비난할 수는 없습니다. 언행과 인간 자체를 혼동하는 것은 내게는 지나치게 환원적이고 위험하기까지 합니다. 우리는 우리가 말하고 행동하는 것, 그 이상의 존재가 아닐까요? (…) 그래서 나는 되도록이면 이렇게 말하겠습니다. "인종주의자가 더러운 놈은 아니지만, 그가 인종주의자로 말하고 행동한 것은 더럽다."

생 레미 레 슈브뢰즈의 가슈 씨는 더 직설적이었다.

당신은 "다른 사람들을 존중해야 한다"고 말했습니다. (…) 그렇지만 당신은 첫 번째 대화 마지막 부분에서 인종주의자들을 '더러운 놈'으로 취급했습니다. 따라서 한 가지 질문을 던집니다. "어떻게 중학생 아이의 분별력에서 나온 지적을 대단한 도덕 교사이며 자기 확신에 차 있는 분이 놓칠 수 있단 말인가요?"(이 질문에는 빈정거림의 뉘앙스가 있음_옮긴이)

나는 가슈 씨에게 이렇게 답장을 보냈다.

'더러운 놈'이라는 단어의 사용은 하나의 말장난이었습니다. 깊이 생각했던 게 아닙니다. 나는 메리엠에게 행동하는 것과 존재하는 것 사이의 구분에 대해 좀 더 설명했어야 했습니다.

"일반적으로 혼혈아들은 아름답다"라는 구절에 대해서도 비슷한 지적이 있었습니다. (혼혈이 아닌) 몇몇 아이들이 항의했고, 다른 아이들은 책의 저자도 선호하는 사람들이 따로 있다며 웃었습니다. 실상 이것 역시 하나의 재담이었고, 나의 주관적 관점으로 기운 말이었습니다.

셰네의 방칼 씨는 내게 이렇게 썼다.

나는 "한 인간이 다른 어떤 인간보다 더 혹은 덜 '아름다운' 것은 아니다"라고 말하고 싶군요. 만일 혼혈이 문화적 풍요로움의 원천이 될 수 있다면, 그것은 또한 일종의 힘의 관계의 표시일 수 있습니다. 이를테면 과거 식민지 토착 사람들 가운데 '여성의 서비스를 받은' 식민주의자들과 함께 자주 있었던 경우가 그렇습니다. 그것은 유럽인 식민주의자들이든, 이보다 훨씬 이전의 일이지만 베르베르인들이 확인해줄 수 있듯이 식민주의와 다를 바 없는, 헤지라(서기 622년에 무함마드가 박해를 피해 추종자들과 함께 메카에서 메디나로 옮긴 일을 말한다. 이슬람교에서는 이해를 이슬람교 원년으로 정했다_옮긴이) 이후 아랍인 정복자들이든 마찬가지였습니다.

3. 식민지화

'장애'란 단어에 대해서도 그랬듯이, 몇몇 독자들은 인종주의에 관한 책에 식민지화 개념을 사용한 것에 이의를 제기했다. 그들은 아프리카와 마그레브 지역 또는 아시아의 일부 나라를 점령한 것은 전반적으로 선의善意에서 출발했다고 생각했다.
페리괴의 라랄 부인은 이렇게 썼다.

나는 당신에게 진심으로 말씀드립니다. 젊은 시절, 나는 모로코의 아가디르에 있는 한 어린이집에서 일했어요. 나는 모로코 어린이들을 프랑스 어린이들과 마찬가지로 관심과 사랑으로 보살폈다고 감히 말씀드립니다. 마라케시에 살았던 나의 시어머니는 자비로 벽촌의 아이들을 보살폈습니다. 프랑스에도 다른 사람들을 자발적으로 돕고 있는 친절한 사람들이 있겠지요.
1995년에 나는 아가디르에 있었습니다. 참으로 예쁜 나라를 다시 찾아가 재건된 모습을 보면서 행복했습니다. 나는 슈퍼마켓에서 포장용 종이들과 봉지들이 쏟아져나오는 것을 보고 유감스럽게 생각했습니다. 내가 엽서를 비롯해 몇 가지를 사 들고 가게를 나오는데, 45살가량의 한 모로코 사람이 다짜고짜 나에게 "나는 프랑스를 좋아하지 않소. 나는 프랑스 사람들을 싫어해요"라고 말했습니다. 나는 대꾸하지 않았지만, 속으로 "어쩌면 예전에 내가 보살폈던 아이들 중 한 명일지도 모르는데…" 하고 중얼거렸습니다. 나로서는 슬픈 일이 아닐 수 없었습니다.

나는 1997년에 베트남에 있었습니다. 나는 우리가 과거 프랑스인들이 건설한 학교와 도로, 병원과 다리에 대해 부끄러워할 필요가 없다고 당신에게 단언할 수 있습니다. 베트남 사람들은 지금도 그 위로 왕래하고 있습니다. 나는 거기서 그 많은 일을 해냈던 사람들 모두가 석탄과 구리, 금 등을 욕심냈던 것은 아니라고 생각합니다. 당신이 이 책을 쓰는 데 어려움이 있었으리라 생각합니다만, 당신은 국가와 인민을 분리해야만 했습니다. 당신은 그것에 관해 충분히 명료하게 말하지 않았습니다.

4. 십자군

플뢰르멜에 사는 포르 씨는 십자군에 관해 다음과 같은 글을 보내왔다.

십자군에 대해, 보다 정확히 말하면 교황 우르바노 2세로 하여금 기독교인들을 예루살렘으로 진군하게 했던 동기에 대해, 당신은 나처럼 근거 있다고 인정되는 동서양의 자료들을 찾아보았을 것입니다. 그 자료들을 통해 십자군 운동이 인종주의적인 의도 없이 종교적인 사건과 동기에 의해 시작된 것임을 읽었을 것입니다.

당신이 책에 쓴 이 오류는, 내가 당신의 책에 흥미와 관심을 갖고 때로는 감동하거나 찬사를 보낸 것만큼이나 무척 유감스러운 일입니다. 수에즈 운하 둑 근처에서 살았던 10여 년 동안 (1947~1957) 나는 아랍, 이슬람, 중동 지방이라는 전혀 다른 세계에 대해 호기심과 관심을 가졌습니다. 인종주의 또는 비인종주의를 일상에서 접해보는 좋은 기회였습니다. 그러므로 나의 논박이 인종주의적 편견에 토대를 두고 있지 않다는 점을 덧붙일 필요는 없을 듯합니다.

은퇴한 전직 교사 노엘 부인은 이렇게 썼다.

나는 당신의 책 65쪽에서, "수천 명의 기독교도들이… 아랍인과 터키인들을 학살했어"라는 대목을 읽었습니다. 그렇습니다. 그리고 나는 기독교인으로서 부끄럽게 생각합니다. 하지만 당신은 왜 딸에게 아랍인들이 서기 647년에 기독교도들이 살던 북아프리카를 침략하여 베르베르인들을 무슬림으로 개종시키기 위해 학살한 사실을 이야기하지 않습니까?

또 당신은 "11세기와 15세기 사이에 스페인의 기독교도들은… 이

186

슬람교도들을 축출했다"라고 했습니다. 당신은 당신 딸에게 그 무슬림들이 북아프리카에 이어 스페인을, 그다음에는 갈리아의 푸아티에까지 침략했다는 것을 분명히 설명해야 하지 않았을까요? 다행스럽게도 우리에게는 용맹스런 샤를 마르텔(프랑크족의 실력자로, 서기 732년 피레네를 넘어온 사라센 침략군을 푸아티에에서 물리쳤다_옮긴이)이 있었죠! 나는 그 침략이 아이들 장난감으로 행해진 것은 아니라고 생각합니다. 호전적인 베르베르인들의 지원을 받은 무슬림 정복자들은 검과 단도를 다룰 줄 알았습니다(참으로 슬프게도 알제리에서 보여주듯이 여전히 그것들을 다룰 줄 알지요! 또 여기서도 여성에 대한 인종주의가 드러납니다).

나는 유대인의 불행에 대해서는 말하지 않겠습니다. 왜냐하면 그들은 언제나 박해받았으니까요. 그럼에도 그들 또한 인종주의자들입니다. 인종주의를 불러오지 않으려면 우리 조상들의 행위가 우리를 부끄럽게 하더라도, 모든 면에서 바라본 역사를 이야기해야 합니다. 어떠한 종족 집단도 완전히 그르지도, 완전히 옳지도 않습니다.

5. 일상에서 살아가기

브장송에서 도서관 사서로 일하는 부다르 부인은 길게 쓴 편지에서 그녀의 실망에 관해 썼다.

내가 만나는 여덟 살배기 아이들의 대부분은 불행히도 당신 책의
주제와 전개에 끌리지 않을 것입니다. 나는 그 책의 내용이 지나
치게 이론적이고 이념적이라고 봅니다. 나는 한 가정의 어머니로
서 당신에게 제 경험을 이야기해보려고 합니다.

아이들이 어렸을 때 우리 가족은 100% '프랑스의 프랑스인들'로
이루어진 마을에서 살았습니다. 오로지 공감하고 우정을 나누기
위해서만 이방인을 만났습니다. 그래서 우리 아이들한테 흑인과
백인 사이에는 우열이 없으며 인간은 누구나 자유롭고 동등한 권
리를 갖고 태어난다고 설명하는 것은 아주 쉬운 일이었습니다.
어린 시절 아이들의 사진첩이 이를 잘 보여주고 있습니다.

하지만 이주민 인구가 많은 도시로 이사 오면서 상황은 나빠졌습
니다. (…) 내 아들은 말뿐만 아니라("그들이 나를 함부로 취급한다.")
신체적으로도 공격받았다고 불평하면서 마그레브 사람들에 대해
반감을 품었습니다. 이 책의 내용을 참조하여 내가 아무리 모든
인종에는 우열이 없다고 반복해서 말해도 소용없었고, 아들은 아
무도 자기를 이해해주지 않는다면서 고집을 부렸습니다. 급기야
극우적인 생각을 가진 청년들과 어울렸습니다. 그들은 적어도 아
들의 말을 들어주었거든요. 다행히도 청소년 교육에 관한 모임을
통해, 나는 정작 내가 아들의 이야기를 귀담아듣지 않았다는 사
실을 깨달았습니다. 아들이 나에게 하소연할 때, 나는 아들이 말
을 마치기가 무섭게 인종주의자가 되어서는 안 된다고 꼰대처럼

공자님 말씀만 늘어놓았던 거예요.

나는 아들의 얘기를 귀담아듣기 시작했습니다. 나는 아들이 버스 정류장에서 자기에게 함부로 대하는, 마그레브 출신 청년들 앞에서 극도로 기분이 나빴던 것을 인정해야 했습니다. 또 아들을 혼자 수영장에 놔두면 공격당할 위험이 있다는 것도 인정해야 했습니다. 또 혼자 자전거를 타고 어떤 지역을 지나가려면 자전거를 빼앗길까 봐 겁을 낸다는 것도요.

그런데 나는 그 지역을 매일 아무 문제없이 걸어서 지나다녀요. 마주치는 젊은이들은 내게 친절하게 인사를 건네지요. 어느 알제리인 엄마가 자기 아들에게 "자전거 한 대를 가져오면 200프랑을 줄게"라고 말하는 걸 자기 친구가 분명히 들었다고 아들이 내게 말할 때조차도, 왜 나는 일관되게 모든 사람은 똑같은 심성을 가지고 있다고 말하고 싶은 걸까요?

나는 현실 앞에서 눈을 가렸던 것을 멈추고 다르게 얘기했습니다. 나는 아들에게 "프랑스인들 가운데 네가 좋아하는 사람이 있고, 너에게 무관심한 다수의 사람들 가운데 네가 좋아하는 사람도 있단다(아들의 가장 친한 친구들 중 두 명은 이란인이에요!). 너에게 무관심한 다수의 사람들 가운데, 너는 네 물건을 훔치려 들거나 괴롭히는 사람들, 심지어 폭력적으로 괴롭히는 사람들을 좋아하지 않을 권리가 있어. 너는 아랍인을 좋아하지 않는 것이 아니라 도둑을 좋아하지 않는 거야. 나는 너에게 다만 모든 사람을 존중할 것을 요구하는 것뿐이란다"라고 말했습니다.

나는 이 같은 이야기를 파리 교외에 있는, 유난히 힘든 학급을 맡고 있는 교사 친구에게 했습니다. 그러자 그녀는 내게 "마리, 난 인종주의자가 되어가고 있는 것 같아. 우리 학급의 아랍 애들을 더 이상 견딜 수가 없어"라고 말했습니다. 이어서 이번 학기에 일어난 얘기, 특히 나이를 알 수 없는 한 마그레브 출신 소년에 대한 이야기를 했습니다.

그 교사 친구의 말에 따르면, 체험학습을 떠나게 되었을 때, 인솔자 중 아무도 그를 데려가려 하지 않았다고 합니다. 내 친구는 그 아이를 옹호해 다른 아이들과 함께 가도 좋다는 허락을 받아냈습니다. 학생들이 도착한 학습장은 문을 연 지 일주일도 채 안 되었는데, 그 학생이 미술작품들에 일부러 심한 손상을 입혔습니다. 내 친구는 엄청난 보수비용을 지불하기 위해 보험회사에 연락을 했고, 스캔들이 되는 걸 막기 위해 사건을 봉합시켜야 했습니다.

"항상 아랍인들이야." 내 친구가 말했습니다. 나는 그녀에게 그녀의 정당한 반감이 인종주의에서 나온 게 아니라고, 왜냐하면 그런 행동을 프랑스 아이나 다른 아이가 저질렀어도 똑같은 심정을 가졌을 것이기 때문이라고 말했습니다. "네가 비난하는 것은 그의 행동이야. 사람도, 그의 가족도, 그가 속한 인종도 아냐."

샤를빌메지에르의 디브리 부인은 이 책을 읽고 혼란스러워졌다고 고백했다.

나는 처음에 이 책을 11살 인종주의자인 내 대녀代女한테 주려고 했습니다. 하지만 당신의 책은 인종주의자가 아니거나, 교육과 체험에 의해 왜곡되지 않고 열려 있는 사람(그러므로 아주 젊은 사람)만을 설득시키는 데 유용합니다. 다른 사람들에겐 어떻게 해야 할까요? 이방인에 대한 두려움은 확실히 어리석은 일이지만, 이 두려움은 부인할 수 없는 체험(공격·언어적 폭력·파괴 행위)에 기초하고 있습니다. (…) 나는 도시 중심에 있는 평온한 고등학교의 교사입니다. 나는 아랍 출신 학생들에게 무슨 일이 닥칠지 두렵습니다. 그들이 이런저런 학대의 제물, 더 나쁘게는 인종주의의 성격을 지닌 뭇매의 제물이 될 수도 있다는 것을 알고 있기 때문입니다. 우리는 선한 사람들이 언제나 악한 사람들을 위해 대가를 치르는 건 불가피하다고 말할 수밖에 없는 걸까요?

세르지-빌라 주의 리오네 부인은 가족 일부한테서 인종주의자로 받아들여지고 있다.

사실, 많은 사람들이 속으로는 생각하면서도 인종주의자로 취급 받는 것이 두렵기 때문에 절대로 인정하지 않으려고 하는 것을, 나는 다만 큰 소리로 표현할 따름이라고 생각합니다. 실상 나는 규정을 어기거나 범법 행위를 저지른 외국인을 추방하는 것을 아주 당연한 일이라고 봅니다. 또한 나는 출신과 상관없이 자기 아이를 '추스를' 수 없는 가족들에게 가족수당을 주지 않는 것 역시 당연하다고 봅니다.

나는 슈퍼마켓 계산대에서 나 혼자만 '백인'이라는 사실을 깨달을 때, 학교 정문 앞에서 4분의 3가량의 학생들이 '유색인'(최근에 한 경찰관의 입에서 나온 표현을 빌리자면)이라는 걸 확인할 때 충격을 받는다는 것을 인정합니다. 마찬가지로 실업수당센터와 사회보장센터의 대기실에도(여기서 아랍어로 작성된 표지판을 보기도 했습니다) 다수의 외국인들로 북적거립니다. 이 모든 것에, 나아가 드러나지 않게 교활한 거짓 선전을 해대는 미디어까지 합치면, 우리는 더 이상 자기 집에서도 편안하다고 느끼지 못하며, 지긋지긋하고 정도가 지나치다고 할 만한 인종주의라고 부르는 데까지 와 있습니다.

그럼에도 불구하고 나는 진심으로, 내가 문자 그대로의 인종주의자라고는 생각하지 않습니다. 나에게 우월한 인종이란 존재하지 않습니다. 내 판단의 유일한 기준은 인간적 가치이며, 앞으로도 그럴 것입니다.

국제엠네스티의 활동가인 프랑시스 B. 씨는 이슬람의 이미지에 관해 의문을 품고 있다.

나는 누군가가 "이건 아랍식으로 한 일이야!"라고 말하는 걸 들을 때마다, "과찬의 말씀을!"이라고 응수합니다.

당신은 아랍인들이 프랑스에 숫자·대수학·기하학·의학·천문학 등 많은 지식을 전해주었다는 것을 알고 있습니까?

그렇지만 슬프게도 나는 이 논의에서 명확히 할 수 없습니다. 당신은 나를 도와주실 수 있습니까? 그리고 내게 "이건 아랍식으로 한 일이야!"라는 말에 대한 내 응수에 관해 생각하는 바를 말씀해주실 수 있습니까?

나는 인간의 권리에 전념하고 있으며, 국제엠네스티에서 활동하고 있습니다.

하지만 내 가슴은 찢어지는 듯합니다. 왜냐하면 너무나 수치스럽게도 나 자신이 인종주의자로 여겨지기 때문입니다. 내 가장 친한 친구가 흑인임에도 불구하고요!

나는 이슬람이 두렵습니다. 아프가니스탄에서 일어나는 일들이 끔찍합니다.

나는 당신이 코란과 세계인권선언이 양립 가능한지 말해주기를 바랍니다.

무슬림들의 성스러운 경전은, 사형을 시행하고 간통한 여자를 돌로 때려죽이고, 할례와 태형, 신체 절단을 실행하며, 음악과 영상을 금지하는 것 등을 말하고 있지 않나요?

나는 이슬람에 대해 악몽에 가까운 두려움을 가지고 있고, 이슬람교가 세상에서 가장 위험한 종교라고 믿게 만드는 유혹에 끌립니다. 나는 가톨릭 신자인데, 나의 종교도 종교재판, 신교도 학살, 교조주의 등 비난받을 일이 많다는 것을 알고 있습니다.

7. 일화들

다음은 캐나다 온타리오의 에어드 부인한테서 온 편지 내용이다.

내 딸이 네 살 때였습니다. 우리는 그때 아프리카인을 조상으로 둔 사람들을 거의 만나기 힘든 작은 도시를 산책하고 있었는데, 아프리카인의 특징인 거의 칠흑 같은 피부를 지닌 아주 건장한 체격의 잘생긴 남자 하나가 우리 쪽으로 걸어오는 것을 보았습니다. 그가 우리를 지나쳐 몇 발자국 뒤에 이르렀을 때 내 딸이 물었습니다. "엄마는 저 아저씨가 네덜란드 사람이라고 생각해?" 나는 아이의 질문에 깜짝 놀랐습니다. 왜냐하면 우리는 아프리카인의 특징을, 아주 짙은 피부색을 보았을 뿐이기 때문입니다.

"넌 저 아저씨가 네덜란드 사람이라고 생각하니?"

"응, 왜냐하면 그 아저씨가 나막신을 신었거든."

나는 뒤돌아보았고, 실제로 그 젊은 남자는 나막신을 신고 있었습니다. 내 가슴이 훈훈해졌습니다.

제네바의 J. M. 뤼셰르 씨는 이렇게 썼다.

나는 카미유와 함께 어린이집에서 돌아오는 길이었습니다. 그 애는 세 살 반입니다. 그날 그 애는 블레즈와 재미있게 놀고 난 뒤라서 그런지 기분이 매우 좋아 보였습니다.

"그런데 블레즈가 누구니? 네 친구들 중 어떤 애니?"

"알잖아, 빨간 스웨터 입은 애."

"아니, 누군지 모르겠는데. 어떻게 생겼는데?"

"음, 몰라…. 빨간 스웨터를 입었다니까!"

나는 더 이상 캐묻지 않고 다음 날 아침 다시 어린이집에 갈 때까지 기다렸습니다. 블레즈가 누구인지 다시 묻자 카미유가 가리켰습니다. 그 애는 여전히 빨간 스웨터를 입고 있었습니다. 실제로 그 아이는 귀여운 인상이었고, 내게 함박웃음을 보냈습니다. 그 환한 웃음은 꼬마 아프리카인의 새까만 얼굴을 더욱 반짝이게 했습니다!

헬싱키대학 연구팀은 처음으로 부계父系 **혈족관계와 고립된 동물군 의 멸종 사이에 연관성이 있다는 것을 밝혀냈다**(부계 혈족관계란, 같은 아버지에서 나온 아이들끼리 결합하는 관계를 말한다).

나비를 통해 증명된 부계 혈족관계의 위험들

연구자들은 부계 혈족관계가 상대적으로 고립된 동물 개체군의 소멸을 조장한다는 것을 현장에서 처음으로 증명했다. 핀란드와 스웨덴 사이에 있는 올란드 제도에 집중적으로 서식하는 유럽 나 비 중 하나인 체크무늬나비를 연구하면서, 헬싱키대학 연구팀은 가까운 혈족 사이의 결합에 의해 유전자의 풍부함이 약화되었던 인시류鱗翅類(절지동물 곤충류에 속한 목_옮긴이)에게서 멸종의 위험이 상당히 증가했다는 점을 보여주었다.

이 핀란드 생물학자들이 1998년 4월 2일 과학잡지 〈네이처〉에서 밝힌 결론은 수년간의 연구에서 나온 표면적인 것에 불과하다. 1993년부터 1996년까지 여름철 동안 고용된 학생들의 도움을 받 아, 이 과학자들은 체크무늬나비 애벌레의 먹이가 되는 질경이 와 개불알풀속이라는 두 식물이 자라고 있는 1600여 곳의 풀밭을 구획화하여 조사했다. (…) 체크무늬나비의 생존 기간은 시계처 럼 정해져 있어 그 일수를 정확히 알 수 있을 정도다. 짝짓기와 산란은 6월에 이루어진다. 50~250마리의 그룹으로 나누어진 유충들은 8월까지 영양을 섭취한다. 그다음 휴지기를 가진 뒤 이듬해 3월에 다시 왕성하게 영양을 섭취한다. 드디어 5월이 되면 고치에서 나비가 나온다. 그 나비에게 번식을 위해 남은 기간은 몇 주뿐이다.

(…) 핀란드 연구원들은 관찰을 통해 설정된 모델에서 특정 그룹의 나비들을 소멸로 이끄는 외부 조건들(기후 조건, 먹이의 결핍, 풀밭의 크기와 개체수, 개체수들 간의 거리 등)을 모두 추출해냈다. 이 외부 조건들을 모두 제외한 결과, 그들의 계산기에는 멸종 원인의 26%를 차지하는 부계 혈족관계만이 남았다.

그들은 이를 통해 (자기들끼리 번식하는) 고립된 개체들은 평균에 미치지 못하는 재생산 성공률을 보인다는 사실을 확인했다. 이는 유충 그룹의 규모와 각 유충의 무게가 정상보다 더 아래라는 사실에서 기인한다. 암컷 나비들은 수명이 짧고, 그 결과 알을 적게 낳는다. 마지막으로, 고치에서 머무는 시간은 평균보다 더 긴데, 이것은 기생寄生을 이롭게 한다.

_피에르 바르텔레미, 〈르몽드〉, 1998년 4월 8일

이런 사실은 우리에게 어떤 시사점을 줄까? 이 나비들은 다른 집단과 섞이지 않았기 때문에 빈약해졌다. 이러한 과학적 실험은 부계 혈족관계(같은 씨족이나 가족 내부에서 혼인하기)가 유전자를 빈곤하게 하

므로 위험할 수 있다는 것을 잘 보여준다.

혼합(혼혈)은 일부 사람들을 두렵게 한다. 몽펠리에 2대학의 연구자 이자벨 올리비에리는 이렇게 말했다.

"우리는 심리적으로 강한 저항감, 인민을 혼합시키는 것을 피하게 하는 일종의 인종주의와 부딪히게 된다. 인종의 순수성이라는 생각이 여전히 우리의 정신에서 떠나지 않고 있다."

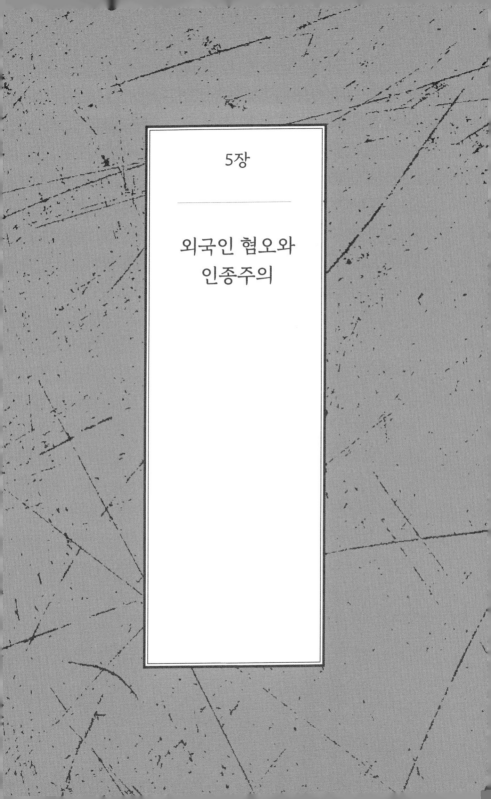

5장

외국인 혐오와
인종주의

외국인 혐오와 인종주의의 차이는 무엇일까? '외국인 혐오 xénophobie'라는 말 안에 있는 '혐오phobie'에서 '두려움'이 눈에 띈다. 이방인에 대한 두려움, 밖에서 온 사람에 대한 두려움, 내가 아닌 것 혹은 나와 닮지 않은 것, 내가 모른다는 간단한 사실 때문에 느껴지는 위험에 대한 두려움이다.

이 두려움이라는 관념은 인간적인 것으로, 인간의 심리적 체질의 일부다. 아무런 두려움도 느끼지 못하는 사람이 있다면 그는 위험할 수 있다. 그런데 두려움이 인간적인 것이라면, 그것은 통제하고 합리적으로 따지고 분석함으로써 극복할 수 있는 것이 된다. 두려움에 갇혀 있다는 것은 더욱더 깊고 더욱더 불안하다는 것을 표현하는 또 다른 방식이다. 즉, 이방인에 대한 두려움, 모르는 이에 대한 두려움은 실상 자기 자신에 대한 두려움이다.

우리는 세상에서 가장 자연스러운 것을 두려워한다. 바로 죽음이다. 우리는 실재를 받아들이는 것을 두려워하기 때문에 불안에 찌들어 있다. 이 실재가 인간의 침입이든, 침입의 환상이든, 우리 자신과 가까운 사람들의 종말을 가져올 죽음에 관한 생각에 집착하는 것이든 마찬가지다.

우리 내면의 저장고 속에 두려움을 통합한 순간부터 그 저장고는 우리로 하여금 걸을 수 있게 해주고, 그럭저럭 살아갈 수 있도록 목발을 제공해준다. 그러므로 우리는 무언가를 획득한 듯한 느낌을 갖게 된다. 즉, 두려워할 권리를 갖는 것, 그것이 두려움에 대한 승리인 것이다.

하지만 우리는 두려움에 정면으로 맞서거나, 우리 자신의 허약함의 거울 속에서 스스로를 냉철하게 직시하지 않는다. 그 대신 두려움을 적에 대한 무기로 만들고, 방패로 사용하려고 두려움을 내면화한다. 그리하여 위협이 되는 이방인은 넘어올 수가 없다.

이 '위협'이란 무엇인가? 일반적으로 예고 없이 찾아오는 이방인은 가진 게 없다. 돈, 직장, 증명서, 집과 안전한 상황 등 가진 게 아무것도 없다. 그런 그는 위협으로 간주되곤 하는데, 정확히 말하면 사람들이 그를 위협과 동일시하는 것이다. 그의 손은 비어 있고 마음은 열려 있으며 몸은 무슨 일이든 할 준비가 되어 있는데도 위협이 된다.

"아니! 이 이방인은 자기 자리에 있지 않아. 그는 자기네 나라로 돌아가야 해. 그가 태어났던 곳으로 돌아가야 마땅해. 여기에는 그가 있을 곳이 아무 데도 없어."

　과연 이 말을 이방인에게 할 수 있을까? 아니, 결코 말로 하지 않는다. 공격적으로, 국경 경찰의 손에 넘겨주는 법령으로, 민간 경비대Guardia Civil에게 부여한 특권으로, "우리는 이방인을 받아들이지 않음. 우리 땅에 이방인들이 발을 들여놓지 않도록 하라!" 라는 명령서가 그들에게 전해질 수 있도록 할 것이다.

　어떤 민간 경비대원은 자기 일을 중요시한 나머지 지나친 열성을 보이기도 한다. 가령 익사의 위험에 처한 사람들의 구조 요청에 바로 응답하지 않고 한 시간 뒤에, 그러니까 밀입국자들의 생사가 바뀐 뒤라는 것을 확신한 뒤에 개입하기도 한다. 밀입국자들은 이미 익사한 시신일 뿐이고 별개의 공동묘지에 보내면 그만이다. 이는 2005년 10월, 스페인에서 실제로 벌어졌던 일이다.

　다시 '위협'이라는 개념을 들여다보자. 스페인은 발전된 민주주의 국가이며, 유럽에 위치하고 있으면서 공식적으로 미국의 품에 안겨 있는 국가다. 내가 말하려는 것은, 호세 마리아 아즈나르 (1996~2004년 스페인 총리_옮긴이)가 그의 나라를 스페인의 절대다수 인민의 견해에 반대하면서까지 부시 행정부 편에 가담시킨 사실이다. 아즈나르가 소속된 정당이 집권한 이후 스페인이 위협받게 되었다고 하는데, 그 증거는 스페인 사람들이 침범당하는 것에 두려워하니 방어하고 국경을 감시하고, 이방인(그중에서도 특히 남반구의 빈국 출신, 무슬림과 아랍 출신 이방인)을 경계해야 한다는 것이다.

야단법석을 떠는 것에 비해 실제 내용은 별 게 없다.

숫자가 말해준다. 유럽의 이주민 인구 비율은 어떠한가? 오스트리아 10%, 독일 9%, 벨기에 8.8%, 프랑스 5.8%인 데 반해 스페인은 2% 미만이다. 경제학자들은 유럽 나라들이 활동 인구의 비율을 지속적으로 유지하려면 나라에 따라 1년에 20만 내지 60만의 이민을 받아들여야 한다고도 말한다.

스페인에서 일어나는 외국인 혐오의 구조를 분석하기 전에 이나라 역사에 있는 기본적인 내용 몇 가지를 살펴보자.

스페인은 이주민 송출국에 속했다. 수많은 사람들이 주로 프랑스에서 피난처와 일자리를 구하기 위해 피레네산맥을 넘었다. 스페인은 과거 남모로코와 북모로코를 식민지화한 식민 모국이다. 모로코는 프랑스 보호령에 비해 초라한 식민지였다. 물론 프랑스 보호령에도 간섭주의와 인종주의가 있었지만, 그래도 몇몇 기반 공사 건설에 의해 용인될 부분이 없지 않았다.

스페인은 팽창정책에 따른 수단과 능력을 갖고 있지 않았다. 프랑코 총통은 모로코 리프 산악지방의 인적자원을 병사로 징집하여 그들을 총알받이로 소진시켰다. 이후 스페인의 가난한 서민층들을 아르바우아 북쪽에 정착하게 했는데, 그렇게 함으로써 스페인령 세우타와 멜리야를 병합하여 무슬림 땅에 기독교의 말뚝을 박겠다는 '가톨릭교도 이사벨Isabel la Católica'(독실한 가톨릭교도인

이사벨 1세 여왕[재위 1474~1504]을 가리킨다_옮긴이)의 오래된 약속을
부활시켰다.

모로코인들에 대한 혐오는 일부 스페인 사람들의 정신과 상상
속에 천천히 자리 잡아갔다. 이 혐오는 '가톨릭교도 이사벨'에 의
해 유대인과 무슬림에 대한 박해와 추방이 행해진 종교재판 시기
에 시작되었는데, 그녀의 광신은 한마디로 잔인성에 버금가는 것
이었다. 1975년 프랑코가 죽기 전까지 반유대주의는 이 나라에서
일상적이었다. 오늘날에는 유대인 혐오를 노골적으로 부추기진
않지만, 유대인들의 사촌인 아랍인과 무슬림이 관련될 땐 혐오를
부추기는 걸 망설이지 않는다.

왜 이렇게 아랍을 혐오하고 특히 무슬림을 혐오하는 것일까?
스페인은 동구권과 특히 라틴아메리카에서 온 이민자들을 받아
들이고 있다. 이 이민자들은 문제를 일으키지 않는다고 생각한다.
그들은 스페인 사람들과 같은 문화적·종교적 영향권에, 유대-기
독교 문명권에 속한다. 그러니까 문제를 일으키는 것은, 비단 스
페인에서만 그런 것도 아닌, 바로 이슬람 자체다.

하지만 이는 환상으로서의 이슬람일 뿐, 모세 5경과 성경의 기
본 가치를 수용한 일신교인 이슬람이 아니다. 이슬람이, 더 정확
히 말하면 사람들이 이슬람과 무슬림에 관해 품고 있는 생각이
이들을 두렵게 한다. 이 서글픈 탈선의 책임은, 종교를 가로채 전
투적인 광신주의로 표현된 정치적 투쟁의 이데올로기로 만든 일

부 무슬림에게도 있다는 것을 인정해야 한다.

모든 것은 1970년대 이란혁명과 함께 시작되었다. 그전에도 이집트와 수단에 이슬람주의 운동이 있었는데, 이는 1928년 이집트에서 생긴 '무슬림형제단'의 분파에서 유래되었다. 초등학교 교사인 하산 알 바나에 의해 창설된 이 운동은 나라의 서구화를 반대했고, 민주주의를 서양에서 수입된 가치라며 부정했다. 당시 소수파였던 이 운동은 나세르 혁명에 의해 잔인하게 진압되었다. 이 운동의 최초 이론가 중 하나인 사이드 쿠틉은 (나세르에 반역했다는 혐의로) 사형선고를 받고, 1966년 8월 26일에 처형됐다.

이슬람의 광신화는 사회통합 정책이 부재하거나 사회통합이 성공하지 못한 이주국에서 퍼져나갔다. 이슬람이 하나의 정체성이 된 것이다. 이슬람을 주장하려면 스스로 구별하고, 반대하고, 차이를 드러내고, 수용국의 법을 문제 삼는 데까지 나아가야 한다. 프랑스의 세속주의에 관한 법처럼 말이다.

'무슬림단체연맹'의 대변인 유세프 페르난데스에 따르면, 스페인에는 80만 명의 무슬림이 살고 있다고 한다. 모로코인은 총 270만 외국인 가운데 14.7%를 차지한다. 어떻게 그들을 통합할 것인지의 문제를 떠나서(아직 이 질문은 던져지지도 않았다) 같이 살 수는 있는 것일까? 어떻게 스페인 주민들한테서 무단 침입자로 여겨지는 무슬림들과 공존할 수 있을까?

통합한다는 것은 두 가지를 공략하는 동력이다. 수용국은 이방인에게 자기 나라의 가치를 따르고, 법을 지키며, 자신들과 똑같은 권리를 누릴 수 있도록 터전을 마련해주어야 한다. 그것은 차이를 부정하지 않은 채 상쇄하는 것이며, 특별한 형태인 이 결합의 동력을 흩뜨리지 않는 하나의 자리를 이방인에게 제공하는 것이다. 통합한다는 것은 다른 사람을 그 자체로, 다른 그대로 인정하는 것이며, 그들이 직업·문화·교육·정치 모든 면의 사회생활에 참여하면서 그들의 언어로 말하고, 그들 조상의 전통을 따를 권리가 있다는 것을 인정하는 것이다.

사회통합은 동화가 아니다. 통합한다는 것은 다른 사람을 나와 동등한 존재, 나의 파트너로 인정하는 것이다. 이와 달리, 동화는 다른 사람이 갖고 있는 나와 다른 모든 것을 없애버리는 것이다. 이는 평등을 부정하는 것으로, 수용이나 인정보다 두려움을 북돋는 결과를 가져온다. '동화한다'에 무엇인가를 짓밟는다는 뜻이 담겨 있다면, '통합한다'에는 문을 열어 받아들이며, 문화 차이를 극복한다는 뜻이 담겨 있다.

나는 이주민들이 문제를 일으키지 않는다거나 그들이 완벽한 시민이라고 말하는 것이 아니다. 이주민들도 자신의 운명과 그들이 일하는 나라의 운명에 책임을 진다. 그들은 유럽인들이 하기 싫어하는 일들을 하려고 와 있는데, 유럽 사람들은 그들이 가볍다 못 해 투명하기를 바란다. 그들이 길거리에서 눈에 띄지 않기를 바라는 것이다. 그게 이상적일 테니까.

오랫동안 그들을 보지 못했다. 그들은 존재하지 않았다. 그러다가 변화가 생겼다. 지중해의 양안 사이가 불균형해진 것이다. 지중해 남쪽은 인구도 지나치게 많고 가난한 데 반해, 북쪽은 인구도 적고 나날이 발전하고 있다. 문제는 북쪽의 발전이 지속되어 풍요로워지려면 남쪽 사람들의 노동력이 필요하다는 사실이다. 그런데 그 남쪽 사람들이 무슬림일 때, 관계가 쉽지 않게 된다.

스페인과 모로코는 실질적인 평온의 관계를 알지 못하고, 생산적인 이웃 관계도 이루지 못하고 있다. 집단적 무의식이 작용하여 외국인 혐오와 인종주의를 부추기기도 한다. 스페인은 자신의 눈길을 북쪽으로만 주고 있을 뿐 남쪽을 보려고 하지 않는다. 스페인은 아랍과 무슬림의 뿌리를 잊게 만들려고 한다. 그리고 세 개의 종교가 예외적으로 공존하고, 특히 문화 창조의 꽃을 피웠던 그들의 흔적을 지우려고 한다. 이제라도 스페인으로 하여금 자신의 역사를 다시 읽도록 고무해야 한다. 그러면 자성의 기회를 갖게 될 것이며, 무엇보다 지중해 남쪽과 새롭고 생산적인 관계를 맺기 위해 노력할 것이다.

밀입국에 맞서 어떻게 싸울 것인가? 안전을 우선시하는 선택만으로는 충분하지 않다. 그 나라에 대한 투자가 병행돼야 한다. 그래야 모두에게 이롭다. 또 그것은 무지와 두려움, 혐오로부터 독을 빨아들이는 인종주의에 맞서 싸울 수 있는 강력하고 효과적인 길이다.

6장

언론
기고문

(2008~2018)

보편적인 인종주의

〈라 리퍼블리카La Repubblica〉〈라 방가르디아Lavanguardia〉, 2008. 5. 22

인종주의의 보편성이 절망스러울 정도로 변함없이 나타나고 있다. 무지와 어리석음에는 국경이 없기 때문이다. 어디에 있든 어디서 왔든, 사람은 사람을 두려워한다.

남아프리카공화국(이하 남아공) 사람들이 이웃 나라에서 온 외국인 40여 명을 추격하여 살해한 폭력성은 아연실색하고도 남을 일이다. 단순히 피부 색깔 때문이 아니었다. 혐오에 패륜이 결합되어 거부감으로 나타났고, 살해하는 데까지 이르렀다. 이 범죄적 인종주의는 텔레비전 화면을 통해, 신원이 밝혀지지 않은 한 남자가 엎드린 채로 불에 타고 있는데도 아무도 그를 도우려 다가가지 않은 이미지를 통해 상징적으로 표현되었다고 할 수 있다.

우리에게 이미 익숙해진, 정처 없이 떼를 지어 빈민촌을 떠나는 사람들의 이미지도 마찬가지다. 2만5000명이 넘는 사람들이 자기 나라인 짐바브웨, 모잠비크, 보츠와나와, 심지어 콩고로 돌아가려 했다.

아파르트헤이트(흑백분리정책)에 의해 고통을 겪었던 이 나라가 예측할 수 없는 방식으로 폭력적인 외국인 혐오를 부활시켰다. 물론 남아공의 모든 국민이 인종주의자는 아니다. 하지만 이 외국인 사냥이 마침 이 나라에서 벌어졌다는 것은 어불성설이고, 남아공 대통령 타보 음베키Thabo Mbeki(재임 1999~2008)의 경제사회정책이 실패했다는 것을 드러낸다.

1930년대 초, 니스 지역의 프랑스 노동자들은 자기들의 일자리를 위협한다는 이유로 이탈리아에서 입국한 이주민들을 같은 방식으로 공격했다. 1936년에는 폴란드 이주민들에게도 같은 짓을 저질렀는데 훨씬 더 끔찍했다. 이와 같은 폭력적 행동과 더불어 인종주의를 세기를 넘어 존속시키게 하는 말들이 생겨났다. 스페인에서는 아랍인들을 '로스 모로스'라고 부르고, 프랑스에서는 이탈리아인들을 '리탈과 다른 마카로니들', 스페인 사람을 '팽구앵'(스페인 사람을 조롱하는 에스팽구앵의 준말로, 펭귄을 뜻함_옮긴이) 등으로 불렀다.

오늘날 인종주의에 맞선 투쟁이 진전되고 있음에도 불구하고, 우리는 여전히 외국인에 대한 혐오가 최악의 방식으로 표현되는 모습을 목격하고 있다. 이탈리아에서는 네오나치들이 (합법적으로 체류 중인) 이민자들의 집과 상점에 나치의 상징(卐)을 낙서하면서 공격하고 있다. 프랑스에서는 유대인의 것이든, 무슬림의 것이든 묘지들이 자주 훼손되고 있다. 축구 경기장에서도 흑인 선수들에 대한 인종주의적 욕설들이 점점 더 심해지고 있다. 국민전선의 수령인 장마리 르 펜은 남에게 뒤질세라 프랑스 축구팀에 흑인 선수들의 존재에 대해 인종주의적 지적을 앞장서서 했다. 그는, 이를테면 그의 추종자들에게 인종주의적 혐오를 참지 말라고 권한 셈이다.

지금 이탈리아에서 벌이지고 있는 일들은 일반적인 이민 문제에 대한, 특히 불법 이민 문제에 대한 우파의 냉혹하기 짝이 없는 정책의 결과물이다. 정치적 발언들은 이탈리아인들에게 엄중한 영향을 미치고 있다. 가령 장관이나 시장 또는 주지사가 외국인에 대해 무례한 발언을 하면, 인종주의 열성분자들은 이를 이민자들에 대한 사냥을 해도 좋다는 뜻으로 독해하는 식이다.

요즈음 이탈리아의 분위기는 우려스러운 지경에 이르렀다. 새 체제의 힘을 과시하고 단호함과 행동의 증거를 보여주기 위해 실비오 베를루스코니Silvio Berlusconi 정부의 일부 관료들은 인종주의적 상상계의 장벽을 걷어 올렸다. 그것은 마치 이렇게 말하는 것과 같다. 즉 "그렇게 해도 돼요. 우리는 당신과 한편입니다"라고.

프랑스 사회당 출신 총리였던 미셸 로카르Michel Rocard는 통제되지 않는 이민 물결과 관련하여 "프랑스는 세계의 모든 비참함을 받아들일 수 없다"라고 말한 적이 있다. 이 말은 일부 사람들에 의해 다음과 같이 이해되었다. 즉, "이방인들은 꺼져라!"로. 휴머니스트이며 신념의 사회주의자였던 로카르는 가련하게도 본의 아니게 우파로 넘어갔다. 그것은 그도 예상치 못한 일이었다. 그리고 상징적 지위의 최정상에 있던 교황 베네딕토 16세는 이슬람에 폭력이 내재되어 있다고 말함으로써, 이슬람 혐오자들을 더욱 부추겼다.

외국인을, 또는 단순히 다르다는 이유로 인간 사냥의 조건을 만드는 것은 이런 잘못된 탈선에서 비롯된다. 이탈리아는 자기 본연의 휴머니즘의 가치를 회복시켜야 하고, 조만간 이탈리아인 자신에게 부메랑이 되어 돌아올 오류의 범람을 억제해야 한다. 동시에 미등록 이주민의 문제를 해결해야 한다.

집시에 관해서 말하자면, 우리는 그들을 "여행하는 사람들"이라고 부르는데, 여러 세기 동안 떠다니기를 멈추지 않았기 때문이다. 오늘은 여기 있지만 내일은 다른 곳에 있을 것이다. 누구도 그들로 하여금 정주하게 하고 생활방식을 바꾸도록 하는 데 성공하지 못했다. 그러니 그들을 추격한다는 것은 아무 소용이 없는 일이다.

이민과 국민 정체성

〈라 방가르디아〉, 2008. 1. 26

오직 니콜라 사르코지의 프랑스 정부만이 '이민, 사회통합과 국민 정체성'이라는 이름의 행정부처를 과감하게 신설했다. 이 결정은 이민자를 돕고 지원하는 시민단체들의 분노를 불러일으켰고, 시몬 베유(1927~2017, 나치의 강제수용소에 끌려갔으며, 해방 후 판사가 되어 법조계에서 일했고, 여러 차례 장관을 역임함_옮긴이)도 반대를 표명했다. 왜 이민과 국민 정체성을 연결시키는가?

사람의 신분을 확인한다는 것은, 그가 밟은 발자취의 단계들을 서술하고, 그가 어디서 왔는지 말하고, 그의 뿌리와 그것이 갖는 의미들을 밝히고, 또 어떤 차이가 있는지 말하는 것이다. 간단히 말해, 그가 이민해온 공간 안에 그를 위치 짓는 것과 관련된다. 그리하여 신원 확인은 하나의 통제 시스템이 되며, 상품의 추적 증명서에 상응하는 것이다.

오늘날 프랑스의 우려가 그 인적 풍경의 장래를 예견하고 준비하는 데 있다면, 이주민들의 고민은 그들 가족의 생사가 걸린 장래를 보장하는 데 있다. 따라서 그들에게는 신원 확인이 문제되지 않는다.

유럽에 있는 이민자들이 모두 똑같은 것은 아니다. 가령 프랑스와 역사적 기억의 관계에 있는 나라에서 온(또는 데려온) 사람들과, 나중에 유럽연합에 속하게 된 동유럽 국가에서 온 사람들을 구분해야 한다. 이탈리아인들은 유럽 출신이 아닌 이민자들을 지칭하려고 '공동체 바깥 사람들'이라는 모호한 말을 만들었다. 이 것은 그 자체로 차별의 양식이다.

이민과 관련해서는 다른 문제들이 제기된다. 이민 1세대들은 자신의 삶이 (자신의) 출신국이 걸어온 숙명과 연결되어 있다고 본다. 이것은 그들 중에 귀화를 신청한 사람이 많지 않다는 점을 통해 알 수 있다. 하지만 그들의 자식은 프랑스인, 유럽인이 되었다. 프랑스 땅에서 태어났을 뿐만 아니라 앞으로도 부모의 나라에서 자신의 삶을 살지 않을 것이기 때문이다. 태어난 나라는 각자에게 첫 번째 기억을 갖게 하는 곳인데, 그것은 개인의 정체성에 있어서 기본적인 것이다.

정체성의 문제는 이민자들보다는 이민의 땅에서 태어난 그들의 자식들과 더 관련이 있다. 하지만 사람들은 그 자식들이 이미 프랑스인이고 그들의 정체성이 신분증과 여권에 표시돼 있다는 사실을 쉽게 잊곤 한다. 이런 사정은 비유럽인 부모 아래 점점 더 많은 아이들이 태어나고 있는 유럽의 다른 나라들도 마찬가지다.

'국민 정체성'이라는 말은, 역사와 지층 그리고 시간의 의미까지 담고 있어서 단순히 프랑스 땅에서 출생했다는 것 이상의 내용을 함축하고 있다. 따라서 이민자의 자식들은 일면 그들을 배제하는 이 규정에 부응할 수 없는 것이다.

이 점에서 사르코지의 행보는 다양한 업적들로 키워지고 풍부해진 프랑스의 전통에 반하는 것이다. '헝가리 이주민의 자식'(2008년 당시 프랑스 대통령 니콜라 사르코지를 가리킴_옮긴이)의 이름으로, 이것은 열정의 과잉에 가깝다. 마치 이주민 출신(과 그 자녀) 프랑스인들의 사회적·정치적인 모든 발전에 마침표를 찍는 것과 관련된 듯하다. 더구나 사르코지는 자기 출신을 드러내지 않기 위해, 나아가 그의 정체성과 그의 역사에서 그 부분을 지우기 위해 그가 할 수 있는 모든 일을 했다.

사정이 이렇기 때문에 이주민의 자식들, 즉 세 번째 유형의 유럽인들은 유럽 사회에 문제를 제기한다. 영국과 독일은 분리주의의 나라들이다. 그들은 이주민들을 확정적인 방식으로 통합하려고 하지 않는다. 그러는 동시에, 영국에서는 영연방의 나라에서 온 이주민들에게 모든 선거에 투표권을 부여하는 법률적 조치를 취하고 있다. 이것은 프랑스가 과거 식민화했던 나라에서 온 이주민들에게 결코 주지 않았던 것이다. 프랑스는 이주민들의 일상적 삶을 결정하는 지방선거에서 이주민들에게 투표권을 주는 것조차 받아들이지 않고 있다.

여기서 다른 많은 예들 중 하나가 보여주는 것은, 유럽 공동체 전체가 이민에 관해 같은 비전, 같은 정책을 갖고 있지 않다는 것이다. 이 유럽연합의 모든 나라들이 외국의 일손이 필요한데도 말이다. 이민 개념에 정체성 개념을 갖다 붙이면 문제를 잘못 생각하게 된다. 반면에 유럽 사회가 점점 더 혼혈로 변천하는 것에 대해 자문한다면, 다른 주제로 넘어간다. 즉, 유럽의 정체성이 외국 출신의 다양한 기여로 구성되는 것을 받아들일 것인가, 거부할 것인가의 문제다. 논란을 일으키는 것은 잘 알다시피 이슬람이다. 포르투갈인, 이탈리아인, 스페인 사람들은 프랑스의 사회조직에 통합하는 데 큰 어려움이 없다.

역사학자 벤자민 스토라Benjamin Stora가 프랑스로 하여금 공화국과 그 역사 사이에 협정을 구상하도록 제안한 것은 옳은 일이다. 그것은 역사를 명료히 하는 것이며 건전하게 읽는 것이다. 따라서 국민 정체성은 하나의 열림이어야 하며, 이민의 공헌을 숨기거나 최소화하지 않고 가치를 부여하는 사실을 인정하는 것이어야 한다. 이민은 필요 이상의 것으로 모두를 위한 하나의 기회다. 어쨌든 이것을 인정해야 하며, 자신을 방어할 수단을 항상 갖고 있지 않은 인민들에게 낙인을 찍지 말아야 한다.

이탈리아와 스페인이 그들의 영토에 불법적으로 입국한 수십만의 이주민들을 대량으로 받아들이기로 결정한 순간, 두 나라는 그 인민들 대부분이 계속 자기 나라에 머물러 살고 국적을 채택하리라는 사실을 암암리에 인정한 것이다. 바로 이 점과 관련하여 유럽연합은 이민과 그 결과에 대한 공동의 합리적이고 유연하고 올바르고 조화로운 하나의 정책을 세워야 한다.

집의 문을 연다는 것이 집에 들어오는 사람에게 가구를 부수고, 점령자처럼 행동하고, 주인을 불편하게 하고, 주인에 대한 모든 존중을 부인하도록 허용하는 것은 아니다. 더불어 사는 기획이 쌍방 합의 아래 세워질 수 있도록 환대에 관련된 법이 뒤따라야 한다. 프랑스 땅에 도착하는 사람들을 맞아들일 줄 알아야 하고, 그들의 신뢰를 얻어야 한다. 그런데 모든 것은 마치 이민자들은 유령이고, 그들을 고용한 사람들은 보이지 않는 듯이 지나갔다. 그러다가 사건들이 수면 위로 떠오르자, 모든 사람이 갑자기 깨어나 유럽이 이주민을 필요로 하지 않을 수 없으며, 유럽은 이 상황에 대처할 준비가 되어 있지 않다는 것을 알아차리게 되었다. 어떤 나라는 오래됐고 또 어떤 나라는 최근의 일로 말이다.

유럽 공동의 정책은 기본적인 가치와 축 위에 새롭게 세워져야 한다. 예컨대 다음과 같은 것들이다.

- 모든 불법적인 이민은 거부한다. 절망적인 사람들이 떠나온 그 나라에 더 많은 투자를 함으로써 근원에서부터 문제를 다룬다.
- 이주의 물결을 합리화하기 위해 남쪽 나라들과 협력하는 정책을 세운다.
- 남쪽 나라들에서 직업 활동을 하는 유럽인들에게 하고 있는 것과 똑같이 이주민들에게 협력 노동자의 지위를 부여한다.

- 종교와 정치의 분리를 강조함으로써 서로 다른 문화에 관해 인식하도록 한다.
- 이주민들의 종교와 문화의 영역을 규정하여 이를 존중하고 가치를 부여한다. 이것이 문화와 종교를 이데올로기적이고 흔히 광신적인 목적으로 돌리는 것에 맞서 싸우는 훌륭한 방법이다.
- 출신국의 문화에 가치를 부여하기 위해, 권리와 의무를 가르치는 '더불어 살기' 교육 철학을 실시한다.

간단히 말해, 유럽의 인적 풍경이 더 이상 '순수하지'는 않을 것이며, 다양한 기여와 혼합으로 구성된다는, 즉 더욱 풍요로워지고 변화하며 세계를 향해 점점 더 열린 생각을 받아들이자는 것이다. 사회통합은 두 가지로 이뤄지는 작업이다. 혼자서는 통합될 수 없다. 통합된다는 것은, 어디 출신이라는 자기 정체성의 구성 요소를 버리는 게 아니라, 주고 받아들이는 새로운 삶에 적응하는 것을 말한다. 이런 토대 위에 유럽과 남쪽 나라들 사이의 협의 속에서 공동의 정책이 수립되어야 한다.

마지막으로, 이주에 관한 상투적인 생각과 편견, 참상의 이미지와 그 결과물들을 없애고, 길을 떠난 이주민과, 그곳에서 태어난 나라의 시민인 그의 자식을 더 이상 혼동하지 말아야 한다.

2005년 10월에 발생한 사건(프랑스의 대도시 외곽 지역에서 발생한 폭동 사태를 말한다. 주로 이주민 2세들이 참여했고 방화 등의 행위로 그들의 분노를 표출했다_옮긴이)들이 이주민의 항거로 해석되었다. 아니, 그 것은 국가가 그 정체성을 제대로 인정해주지 않은 젊은 프랑스 인들의 항거였다. 이러한 혼동은 이미 충분히 부정적으로 굳어진 이주에 대한 이미지를 더 나쁘게 한다.

시급히 유럽이든 남쪽 나라들이든 그냥 넘길 수 없는 이 현실 을 분명히 직시해야 한다. 이민은 침입도 착오도 아닌, 우리 모두 를 위한 경제적·사회적·인간적인 기회다. 이를 모두에게 확인시 키고 상황을 철저히 검토하고 쇄신할 때다.

보이콧과 인종주의

〈라 리퍼블리카〉, 2008. 2. 2

한나 아렌트는 《전체주의의 기원》에서 "이해한다는 것은, 현실이 어떻든 혹은 앞으로 어떻게 될 수 있든 간에 선입견 없이 주의를 기울여 정면으로 직시하고, 필요할 경우 그것에 저항하는 것이 다"라고 썼다. 그녀는 반유대 인종주의에 관해 말했는데, 이 인종 주의는 음험하게 지속되고 있다.

유대인에게 가해지는 모욕은 아랍인에게도 영향을 끼친다. 유 대인 혐오가 심해질수록 팔레스타인 문제 해결은 그만큼 복잡 해진다. 인종주의가 증가하고 불안을 격화시킨다. 이스라엘이나 유럽에 살고 있는 유대인들의 불안이 바로 그렇다. 그들은 쇼아 Shoah의 비극에도 불구하고 유대인 혐오라는 괴물이 여전히 존재한다고 느끼고 있다. 불안이 심해지고 마음의 문을 굳게 닫게 만드는데, 이런 반응에 따르는 대가를 호되게 치르는 이들은 팔레스타인 사람들이다.

오늘날 유럽의 유대인 혐오는 60년 전에 비해 훨씬 약해졌으나, 아랍에 반대하고 이민에 반대하는 인종주의가 반유대 인종주의와 결합되었다. 어떤 사람은 두 인종주의 사이에 서열을 매겨 '선택적인 분노'를 실행하기도 한다. 마치 다른 인종주의에 비해 덜 비난받을 만한 특정의 인종주의가 있다는 듯이. 하지만 경계심을 누그러뜨리지 말고 한나 아렌트의 충고를 따를 일이다. 즉 "현실을 직시하고 그것에 저항하라"는.

선택적 인종주의라는 건 존재하지 않는다. 아랍인을 좋아하지 않으면, 유대인도 흑인도 집시도, 간단히 말해 자신과 다른 모든 이들을 좋아하지 않는다. 그러므로 프랑스에서 국민전선의 담론은 전방위적인 혐오의 담론이다. 이탈리아의 파시즘도 거류 외국인 모두를 한 묶음 안에 욱여 넣었다. 오늘날 평상의 인종주의의 첫 번째 피해자들은 이주민들이다. 그런데 느닷없이 문화적인 행사인 토리노국제도서전을 맞이하여 이스라엘 작가들을 올해의 명예 손님으로 초대한 것을 핑계로 반유대 인종주의가 보이콧의 형태로 나타났다.

나는 작가가 어디 출신이든 무엇을 썼든 보이콧을 하는 일에는 반대한다. 책은 친구다. 모든 친구가 그렇듯이, 우리의 마음에 들지 않을 수 있고 우리를 성가시게 할 수 있지만, 그들은 우리가 외로울 때 위무해준다. 토리노국제도서전에 대한 이 보이콧은 실상 어떤 사람들에겐 문화와 정치를 혼동하는 기회가 된다. 이스라엘 국가, 그리고 이스라엘의 식민지배와 점령의 정치는 비난받아 마땅하다. 하지만 결코 한 작가를 그가 속한 국가나 그의 종교와 혼동해서는 안 된다. 그래서 우리는 남아공에서 흑백분리정책이 시행되던 시기에도 네이딘 고디머, 존 맥스웰 쿳시, 브레이튼 브레이튼바흐 등을 읽지 않았나. 우리는 이 작가들을 그들의 통치자들의 가증스러운 정치와 혼동하지 않았다. 오늘날 그 대부분이 그들의 국가에 대해 아주 비판적인 이스라엘 작가들에게도 마찬가지다.

스탕달은《파름므의 수도원》에서, "문학 작품에 정치가 끼어드는 것은 음악회 중간에 총을 쏘는, 상스러운 어떤 것이다"라고 썼다. 책 전시회에 정치를 끌어들이는 것은 고결하고 건전하게 남아 있어야 할 그 목적으로부터 문학을 딴 데로 돌리는 수법이다. 나는 책과 책을 지은 사람을 보이콧하는 이들을 경계한다. 바로 그들이 작가와 저작을 검열하는 사람들이다.

이스라엘의 정치를 고발하는 것은 정당한 권리다. 팔레스타인 인민들이 이스라엘 국가 옆에 국가를 세우고 평화롭게 살 권리

를 옹호하는 것도 정당한 권리다. 그러나 혼동과 잡탕은 그만두
자. 60년 넘게 오래된 갈등이 전개되어야 할 곳은 책 전시장이 아
니다. 보이콧은 혐오와 불신을 악화시킬 뿐이다. 우리에겐 명료함
과 저항과 솔직한 대화가 필요하다. 그것은 창조의 고결성 속에
서 읽히고 사랑받고 논의되고 비판되는 책과 함께 이루어진다.

이슬람에 대한 공포

〈에스프레소〉, 2008. 4. 27

2001년 9월 11일 이후 이슬람과 무슬림들에 대한 사람들의 심리
상태는 변화했을까? 아직도 이슬람교와 테러리즘을 혼동하고 있
지 않을까? 아랍인과 이란 사람, 수니파와 시아파를 지금도 혼동
하고 있을까? 이슬람에 대한 공포심은 커졌을까, 아니면 진정되
었을까?

   이슬람을 비난하고 "코란은 파시스트의 경전이다"라고 간주한
영화 제작자인 네덜란드의 헤이르트 빌더르스 의원을 통해 판단
한다면, 사정은 아직 가라앉지 않았다고 봐야 할 것이다. 문명과
문명 사이의 오해는, 2004년 11월 2일 모로코 출신 네덜란드인
에게 살해된 테오 반 고흐의 작업을 이어가고 확장시킨 이런 류
의 도발(2004년 테오 반 고흐 감독은 이슬람의 여성억압을 비판한 영화를 만
들었다가 무슬림 청년에게 살해당했고, 2008년 네덜란드 극우파 정당의 당수

빌더르스 의원은 이슬람을 비판하는 영화 〈피트나〉를 제작했다_옮긴이)에 의해 유지되고 있다. 반 고흐는 '이슬람과 무슬림들에 대한 혐오'와 특히 유대인을 겨냥한 인종주의적 작업으로 유명했다. 반유대 인종주의로 처벌받은 그는 무슬림들과 아랍인들을 계속 모욕했다. 그렇다고 하여 그것이 그를 살해하거나, 그의 친구이자 협력자인 아얀 히르시 알리를 죽이겠다고 위협하는 이유가 되는 건 분명 아니다. 그녀는 최근 프랑스에 정치적 망명을 신청했다.

헤이르트 빌더르스는 무엇을 말하고 있나? 그에게 이슬람은 "시대에 뒤떨어지고 민주주의와 양립할 수 없는 종교"이며, "무슬림 이주민들은 통합되거나 떠나야 하는" 사람들이다. 2002년에 살해된 포퓰리스트 우파의 수령인 핌 포르퇴인을 찬양하는 그는, 자신이 네덜란드 사회의 품에 메아리치는 하나의 견해를 표현하고 있다고 확신하고, 이 광신적인 전쟁을 이끌고 있다. 그가 얼마나 심하게 격분과 증오에 차서 그렇게 하는지, 기자 하나가 "혹시 어린 시절에 무슬림 종교에 얽힌 트라우마가 있었느냐"고 질문을 던질 정도였다.

심리적 동기든 이데올로기적 동기든 상관없다. 중요한 것은 그가 감히 하나의 종교와 그 신봉자들을 마구 모욕한다는 점이다. 다른 신앙에 대해서라면 감히 가질 수 없는 자유와 함께 말이다. 그래서 신문사 대표이자 유대인인 하리 데 빈터르는, 2008년 3월 17일 일간지 〈데 폴크스크란트〉의 일면에, "만약 헤이르트 빌더르스가 지금 무슬림과 코란에 관해 지껄이고 있는 얘기를 유대인과 구약성서에 관해 말했다면, 그는 벌써 오래전에 쫓겨나고 반유대 인종주의에 의해 처벌받았을 것이다"라고 썼다.

테러리즘 행위자들에 의해 이슬람의 의미와 소명이 왜곡되고, 이슬람이 잘못 해석되고 제대로 옹호받지 못하고 있는 탓에, 누구나가 이슬람을 더럽히고 수백만 이슬람교도들의 존엄성을 훼손하는 일에 스스럼이 없다. 즉, 이슬람에 대해서는 마구 비난해도 된다는 일종의 자유방임이 스스로 조성된 것이다. 마치 이슬람이 막 태어나기라도 한 듯이, 이에 도발하고 그에 따른 앙갚음을 하려 하고 있다.

2005년 덴마크 일간지 〈윌란스 포스텐〉에 실린 예언자 무함마드의 풍자화는 끔찍스럽게 폭력적인 반응을 불러일으켰고, 전 세계에 걸쳐 여러 명이 사망하는 사태를 낳았다. 이슬람이 '그렇게까지 상처받기 쉬운 것인가?'라는 질문을 던질 정도였다. 하나의 데생이 이슬람을, 혹은 적어도 이슬람교도의 존엄성을 뒤흔들 수 있는 듯했다. 분노한 이슬람교도들은 공격을 만회하기 위해 지하드를 치를 준비가 되어 있었는데, 그들이 받은 공격이란 결과적으로 그 직업 자체가 정치적이든, 종교적이든 교리를 존중하지 않는 풍자 화가의 기지 넘치는 독설이었다. 이 비통한 사건은 엄청나게 비화되었고, 이슬람과 나머지 세계 사이의 균열을 더욱더 깊게 만들었다.

여전히 십자군을 믿는 네덜란드 의원의 사례를 넘어, 이슬람은 1978년 이란혁명 이전에 세계 속에서 차지하던 자리와 지위를 찾지 못했다. 이 종교를 정치로 확장시킨 것은 코란을 이데올로기적으로, 문자 그대로 해석한 호메이니의 소행이라고 말할 수 있다. 아프가니스탄에 대한 소련의 개입과 아프가니스탄의 무슬림 전사들에 대한 미국의 조작(아프가니스탄 전사들에게 비신앙인들인 공산주의자들을 내쫓아야 한다고 말한 것)은 이 지역의 갈등을 이슬람화했고, 거의 전 지구적인 차원에서 테러리즘을 등장시키는 결과를 낳았다.

　　오늘도 일부 나라의 군인들이 여전히 아프가니스탄에 진주하고 있다. 네덜란드는 이 지역과는 역사적으로나 문화적으로나 아무 연관이 없는데도 거기에 1500명의 군인을 보냈다. 미국은 군사적 모험을 시작할 때면 다른 나라를 끌어들여 자신들 뒤를 따르게 하는 걸 좋아한다.

　　헤이르트 빌더르스는 4000명의 미국인이 사망하고 이라크 쪽에서는 주로 민간인이 100만 명 넘게 희생되었다고 평가되는 사실에 분노할 사람이 아니다. 민주주의의 이름과 이슬람주의라 칭한 테러리즘에 맞서 투쟁의 이름으로 시작된 이 전쟁은, 미국 현대사에서 가장 비싸게 값을 치른 재앙의 하나로 드러났다. 하지만 공산주의라는 적이 무너진 순간부터, 특히 9·11 사태 이후 미국은 하루빨리 적을 찾아야 했다. 결국 부시와 그의 근본주의자

들은 쓰러뜨려야 할 적으로 이슬람과 무슬림(부시는 이슬람의 테러리
즘이라고 말하지만)을 지목했다.

자기 나라와 인민을 불법적이고 부당한 전쟁으로 이끈 그는,
오는 2008년 11월에 노년을 활용해 착한 은퇴자처럼 평온하게
떠날 것이다. 회고록을 쓰고, 텍사스 주지사에 지나지 않았던 좋
은 시절에 그랬듯이 아랍인들과 몇 가지 비즈니스를 하기 위해.

모두 경계에 나서야 한다

〈르 포인트Le Point〉, 2016. 7. 15

프랑스는 비상경계태세, 기진맥진할 만큼 전력을 다한 경찰과 정
보망, 그리고 강화된 경비에도 불구하고 매번 테러리즘에 허를
찔린다. 앞서 경찰 책임자는 프랑스가 계속 테러 위협을 받고 있
으며 다음에는 폭탄이 설치된 자동차가 표적이 될 것이라고 말했
다. 그의 정보는 맞았는데, 다만 승용차가 아니라 트럭이었고, 스
스로 폭파된 게 아니라 길에 있는 모든 사람들을 치었다는 점이
달랐다. 나는 지금 모로코에 머물고 있는데, 학살의 이미지에 눈
물짓는 사람들을 보았다.

또 마그레브 사람이다! 정규 체류증을 갖고 니스에 살고 있는
튀니지 사람이라고 한다. 그는 감시나 신고 대상도 아니었다. 물
론 이번 경우는 미리 알아내기 어려웠다고 한다. 하지만 경찰 업

무를 넘어 국가는 테러리즘에 관한 대책을 다시 고려해야 한다. 법과 권리를 무시하자는 게 아니라, 조금은 덜 순진해져야 한다는 것이다.

가령 사법 당국이 압데슬람 씨에게 감옥에서 몇 가지 편의를 허용한 사실과 그가 '무죄추정'이라는 사실은, 바깥에 있는 사람들에게 프랑스는 쿨한 나라이고 인권 국가여서 모든 사람을, 심지어 무시무시한 학살의 혐의가 있는 사람까지 보호해준다는 위험한 신호를 보내는 것이다. 민주주의, 프랑스의 사법체계, 인권 존중의 정신은 테러리즘에 맞선 투쟁을 몹시 어렵게 만든다. 왜냐하면 그 맞은편에서 마구 죽이는 자들은 어떤 원칙에 의해서도 방해받지 않기 때문이다.

프랑스와 유럽은 이 야만을 끝장내기에는, 취약하고 무기도 없고 연장도 갖추지 못했다. 이 점을 인정하고 국민에게 알릴 일이다. 또한 경계를 전반적으로 강화해야 한다. 우리 모두 관련되기 때문이다. 그래서 두려움 대신 특별한 경계와 더 많은 연대가, 특히 우리의 안전을 보장하는 사람들에 대한 연대가 자리 잡아야 한다. 경찰을 비난하거나 공격하거나 중상모략하는 일을 멈춰야 한다. 그들을 존중하고 신뢰함으로써 그들은 더 효과적인 방식으로 행동에 나설 것이다.

니스의 살인자가 다에시IS의 지령을 받았는지, 혼자 행동했는지는 아직 알려지지 않았다. 그는 축제와 기쁨의 시간, 7월 14일이라는 특별한 시간을 택해 야만적 행위를 저질렀다. 바타클랑의 음악을 죽이고, 그 음악을 들으려고 온 사람들에게 피해를 준 것과 아주 똑같이 즐거움을 없애버리려 했다.

우리는 점점 더 특징 없는 인물들과 마주치고 있다. 그들을 구별할 수 있는 유별난 외모가 더 이상은 존재하지 않는다. 더 이상 턱수염을 길게 기르거나 파키스탄 풍의 아바야(이슬람권 여성들이 입는 망토형 전통 의상_옮긴이)를 착용하는 시대가 아니다. 그들은 평범함을 택해 풍경 속에 숨어들어 있다. 유럽의 여권을 지참하고 셍겐 지역(유럽연합 회원국들 사이에 맺은 국경개방조약[솅겐조약]에 의거하여, 비자나 여권 없이 자유롭게 국경을 넘나들 수 있는 지역_옮긴이)을 자유롭게 왕래하며, 아무도 불안하게 하지 않으며, 눈에 띄게 행동하지 않으며, 심지어는 공손하기까지 하며, 속도위반도 하지 않고 빨간 신호등도 잘 지킨다. 요컨대 그들은 겉으로는 아무 문제 없는 시민이어서 아무도 그들이 무고한 사람을 죽이거나 학살하겠다는 결의를 숨기고 있다는 것을 의심하지 못한다. 이집트 카이로의 알아즈하르 당국과 프랑스의 무슬림 대표들에 의해 비난받은 이 테러는 그 어떤 종교도 용인하지 않는 야만 행위다. 하지만 아무리 얘기해도 쓸데없을 테고, 이슬람과의 동일시는 이루어질 것이다.

석 달 동안 비상경계령을 연장한다는 게 무슨 소용인가? 더구나 정책을 바꾸지도 않는데 말이다. 프랑스는 다에시와 현지에서 싸우고 있다. 하지만 이른바 '이슬람국가'가 군사적으로 패전을 겪고 현지에서 약해질수록 그들은 행동의 녹색등이 켜지기만을 기다리는 이곳의 잠복 조직들에게 더욱더 행동을 요구할 것이다. 니스와 7월 14일은 다에시에 의해 명확한 이유로 공격 목표가 되었다. 그것은 맑고 부드러운 한여름 밤의 생명과 축제, 기쁨을 쓰러뜨리라는 것이다.

현대성을 죽이는 자들
〈르 왱 엡도Le 1 Hebdo〉, 2015. 11

2015년 11월 13일, 파리에서 학살을 저질렀다고 주장한 성명서에서, 코란의 59장 2절과 63장 8절이 언급되어 있다. 59장인 '결집'의 장은, "'부정하는 사람'들이 그들의 요새에 의해 신에 맞서 보호받는다고 상상하지만, 신은 그들이 전혀 예상치 못한 곳을 통하여 그들에게 도달하게 되었다"라고 말하고 있다. 또 하나의 장은 "신의 능력을 모르는 '위선자'"에 관해 말하고 있다.

이들 코란의 구절을 인용하는 것은 이슬람에 의해 단호하게 부정된 범죄를 정당화하는 외양을 주려는 경향에서 비롯된다. 모로코의 울라마 최고위원회(종교 신학자들)는 금요일의 학살을 비난하는 파트와(법 해석)를 발표했는데, 지하드의 뜻을 "교육, 지식과 책임을 통한 자신에 대한 노력"이라고 밝히면서 테러리즘과 아무 상관이 없다는 점을 분명히 했다. 이 위원회는 그들 나름으로 아주 분명한 코란 구절을 인용했다. "지상에서 살인이나 범죄를 저지르지 않은 사람을 죽인다는 것은, 모든 사람을 죽이는 것과 같은 것이다." 모로코의 법 해석(파트와)은 아주 분명하게 테러리즘과 지하드를 구분했다. 모로코가 따르고 있는 말리크파의 의식은 현대 생활에 맞춘 절제 의식이다.

이슬람 원리주의자들이 돌출하기 전까지 이슬람은 평화롭게 살아왔다. 하지만 이슬람이 정치의 수단이 되면서부터 모든 게 달라졌다. 설령 14세기 전에 쓰인 텍스트와 특정 시기와 맥락 속에서 계시된 성경을 오늘날 자기들 입맛에 맞춰 말할 수 있다고 해도, 코란의 그 어떤 성구도 그날 저녁에 파리에서 조직적으로 범한 학살을 정당화하거나 용납하지 않는다.

세계의 다른 무슬림 종교 당국자들도 일부 코란의 내용이 함부로 사용되는 것에 반대하는 목소리를 낼 때다. 이슬람은 어떤 경우에도 가증스러운 범죄를 저지르는 자들에게 알리바이로 사용될 수 없다. 하지만 이것을 계속 반복하여 말해왔지만 소용이 없다. 왜냐하면 오늘날 '테러의 이데올로기'처럼 인지되고 있는 게 바로 이슬람 자체이기 때문이다. 텍스트에 대한 여러 해석이 있는 것이다. 걸프 지역의 몇몇 나라에서 실행하고 있는 와하브교도의 이슬람(이슬람 율법, 채찍질, 공개 참수형, 도둑의 손 자르기, 정상적 삶과 권리에서 배제된 여성 등)은 시대착오적이며 어리석은 이슬람이다.

코란에 대한 이와 같은 시대착오적인 해석은 지속적으로 근대성과 부딪힌다. 그런 해석은 턱없이 왜곡된 것이며, 상상력도 없고, 상징화도 비어 있고, 지적이지도 않다. 그러므로 평화로운 이슬람교도들은 와하브파를 고발하고, 와하브파를 헌법에 참조하고 있는 나라들에게 진정 자유롭고 문명화된 국가가 되어 근대화된 국가들, 즉 민주주의 국가들과 무역을 계속하기를 바란다면 그런 교리를 버리도록 요구해야 한다. 민주주의 법치국가에서 여성들은 존중받고, 남성과 똑같은 권리를 행사하고, 반대 의견을 가졌다는 혐의로 대중 앞에서 청년의 목을 치거나 평범한 블로거에게 천 번의 채찍질을 하는 형벌을 가하지 않는다.

유럽도 노선을 수정하여 그런 나라들과 무역을 계속해선 안 된다. 더구나 그 나라들은 이슬람의 일탈에 재정 지원을 하고 있거나, 적어도 그들의 행위를 북돋고 있다. 무슬림 시민들에게도 해석에 대한 자유를 중시해야 하는 의무가 있다. 왜냐하면 코란이 강조한 바와 같이 "각자는 자기 양심에 책임을 져야 하기" 때문이다. 무슬림의 세계에서 개인의 가치가 움튼다는 것은 곧 근대성에 진입하는 것으로, 그것은 무엇보다 시민으로서 권리와 평등을 의미한다.

수백 명의 희생자들 중에 모든 종교, 모든 색깔과 모든 정치적 성향을 가진 젊은이들이 있다는 점을 확인하자. 테러리스트들이 죽이고자 했던 것은 바로 이 다양성, 이 아름다운 혼성이고, 함께 살고 춤추고 웃는 자유다. 그렇다! 텍스트를 제대로 아는 사람들과 지식과 지성을 갖춘 사람들은 시급히 침묵을 깨고 코란과 이슬람 일반에 대한 왜곡을 강력히 고발해야 한다. 결국 유럽에서 평화롭게 일하고 살면서 가정을 꾸리고 있는 무슬림들이 지금 일어나고 있는 사태에 의해 어떤 방식으로든 그 대가를 치를 수 있다는 점을 알아야 한다. 낙인찍힐 것이며, 혐의 대상이 될 것이며, 손가락질을 당하고, 취업 창구에서도 쫓겨나고, 분노한 경찰에 의해 체계적으로 수색당하고 모욕당하고, 정치인들의 좋은 핑곗거리가 되고, 인종차별적이며 파쇼적인 극우파의 진전에 대한 책임을 지게 할 것이다.

이 모든 이유로, 분열되고 잡다해진 무슬림 세계는 이제 하나의 목소리로 강력하고 단호하게 이 야만을 끝장내는 고유의 조치를 취해야 한다.

무슬림에게 보내는 편지

〈르몽드〉, 2016. 7. 25

이슬람이 우리를 하나의 집, 하나의 나라에 모이게 합니다. 우리가 바라든 바라지 않든, 우리는 모두 평화와 우애를 찬양하는 위대한 정신에 속해 있습니다. '이슬람'이라는 말 속에는 '평화'라는 말의 뿌리가 있습니다. 하지만 언제부턴가 이런 면이 지워졌습니다. 대신 폭력과 난폭함이 지배합니다. 설령 그런 일을 한 개인이 저질렀다고 해도, 모든 무슬림이 이 야만의 격동 속에 휘말려 들어갈 것입니다. '평화'라는 말은, 우리들의 집에 같이 속한다고 주장하는 인물들에 의해 배반당하고 찢기고 짓밟혔습니다. 그들은 배제와 광신주의의 토대 위에서 그들만의 집을 짓겠다고 결심했을 뿐입니다. 이를 위해 그들은 무고한 사람들을 살해하는 것도 마다하지 않습니다. 어떤 종교도 그와 같은 탈선, 그와 같은 잔인성을 인정하지 않습니다.

오늘, 그들은 넘어선 안 되는 붉은 선을 넘어버렸습니다. 노르망디의 작은 읍에 있는 성당에 들어가 노년의 신부를 공격하고 한 마리 양에게 그렇게 하듯이 그의 목을 벤 뒤, 두 번째 사람에게 똑같은 피해를 입히려고 그를 피 흘리며 쓰러지게 해 삶과 죽음 사이를 헤매게 만들고, 그 자신은 다에시의 이름을 외치고 죽었습니다. 이것은 새로운 유형의 전쟁인, 종교전쟁의 선언입니다. 우리는 이 모든 것이 어떻게 끝나는지 잘 알고 있습니다. 재앙입니다. 최악의 재앙입니다.

그리하여 11월 13일 파리에서 벌어진 학살과 그 뒤 니스에서의 학살, 그리고 수많은 개별적인 범죄들 이후에 이제 당신과 나, 우리의 아이들, 우리의 이웃들, 신앙을 실천하든 말든, 믿든 안 믿든, 무슬림 공동체는 반응하지 않으면 안 될 상황에 처했습니다. 더 이상은 말로 항의하고 한 차례 더 분노하면서, "이건, 이건 이슬람이 아냐"라고 말하는 것으로는 충분하지 않습니다. 그렇습니다. 이것으로는 충분하지 않습니다. 갈수록 사람들은 우리가 아무리 "이슬람은 평화와 톨레랑스의 종교"라고 말해도 더 이상 우리를 믿지 않습니다.

만약 우리가 이슬람을 그의 진리, 그의 역사 속에 복원할 수 있기를 바란다면, 이슬람은 신부의 목을 베는 것에 있지 않다는 것을 입증하기를 바란다면, 우리 모두 거리로 쏟아져 나와 '다에시의 손아귀로부터 이슬람을 해방시키자!'라는 똑같은 메시지를 둘러싸고 하나로 뭉쳐야 합니다.

우리는 분노 속에 있기 때문에 두렵습니다. 하지만 우리들의 분노는 유럽 이슬람의 근본적 변화를 목적으로 하는 레지스탕스로 진입해야 합니다.

유럽이 우리를 받아들였던 것은 우리의 노동력이 필요했기 때문입니다. 프랑스가 1974년에 '가족결합'을 결정한 것은 이민에 인간의 얼굴을 부여하기 위한 것이었습니다. 그렇다면 우리는 공화국의 법규를 받아들여야 합니다.

우리는 무함마드의 종교에 귀속되는 모든 도발적인 표시를 그만두어야 합니다. 우리는 우리의 아내를 천으로 덮어서, 거리에서 아이들에게 두려움을 주는 유령처럼 보이게 할 필요가 없습니다. 우리에겐 남자 의사가 무슬림 여성을 청진하지 못하게 할 권리가 없습니다. 우리에겐 여성 전용으로 분리된 수영장을 요구할 권리가 없습니다. 우리에겐 자신의 삶이 더 이상 중요하지 않다고 다에시에게 바치기로 결심한 범죄자들을 그대로 놔둘 권리가 없습니다.

다른 한편으로, 우리는 우리들 주변에서 다에시의 범죄적 모험에 이끌리는 사람들에게 말하고 주의시켜야 합니다. 그것은 밀고가 아닙니다. 오히려 모든 사람의 안전을 도모하기 위한 용기 있는 행동입니다. 우리는 학살에 학살이 이어지면서 피해자들 가운데 무고한 무슬림들이 있다는 것을 잘 알고 있습니다. 우리는 전방위적으로 경계해야 합니다.

그리하여 종교 당국이 움직이고, 신앙인이든 신앙인이 아니든 이슬람의 집에 속해 있는 수백만의 시민들을 거리에 나오게 하여, 신부의 목을 벤 그자는 무고한 사람의 피를 이슬람의 얼굴에 흘리게 한 것이라고 큰 목소리로 외치도록 해야 합니다. 만약 우리가 우리 앞에서 음모를 꾸미는 자를 수동적으로 바라보기만 한다면, 우리는 조만간 그런 암살자들의 공범이 될 것입니다.

우리가 한 국가에 속한다는 것이 우리가 '형제'라는 것을 뜻하는 것은 아닙니다. 하지만 지금으로서는 우리가 만약 그것이 같은 집, 같은 국가에 속할 만한 가치가 있다는 것을 입증하고 싶다면, 우리는 항거해야 합니다. 그러지 않으면 우리에게 남은 일은 짐을 싸서 우리가 태어난 땅으로 돌아가는 것뿐입니다.

프랑스는 법치국가다. 그런데 테러리즘이 이 국가를 공격하고 민주주의를 파괴하려고 한다. 프랑스의 모든 대응은 공화국의 정신과 완전히 일치한다. 가령 미국의 예를 따라 프랑스에 관타나모 감옥을 만드는 것은 있을 수 없는 일이다. 'S'(국가의 안보를 뜻하는 'Sureté de l'État'의 약자_옮긴이)급으로 분류된 2만 명을 격리 수용하는 센터를 만들어야 한다는 목소리가 갈수록 높아지고 있다. 이것은 가능하지도 않고 바람직하지도 않다. 그렇다면 무엇을 할 것인가?

프랑스는 공화국에 대한 혐오, 법치에 대한 부정, 그리고 기독교인을 반대하고 또한 유대인을 반대하는 인종주의에 의해 고무된 운동의 끊임없는 목표가 되고 있다. 지하드주의자들의 주장은 아주 빤한 것이다. "알라는 위대하시다!"고 외침으로써 자신들의 행동에 색깔을 드러낸다. 그들은 이 나라가 이교도들의 땅이며, 유대인들에 의해 지배당하고 있으므로 이 나라를 청소하는 게 무슬림의 의무라고 계속 외치고 있다. 더욱더 독을 품은 반유대주의에 의해 점령당한, 효과적이며 집요한 선동에 정복된 그들의 머릿속에 다른 건 들어 있지 않다.

다시 비상경계령을 내려야 할까? 경비병의 숫자를 더 늘리고 수사를 강화해야 할까? 그렇게 할 수도 있겠지만 대단한 효과를 거두기는 힘들다. 경찰과 국방경비대는 쉬지 않고 자기들의 업무를 수행하고 있다. 하지만 끊이지 않고 반복되는 이 비극을 끝장내기 위해서는 다른 전략을 내놓아야 한다. 곧 무슬림들이, 무슬림의 이름으로, 또는 적어도 잘못 해석되고 뻔뻔스럽게 왜곡한 종교의 이름으로 저질러지고 있는 테러에 맞서 싸우고, 이런 상황을 예방하기 위해 실제로 나서야 한다. 무슬림들이 저마다 가지각색으로, 야만 행위에 분개하고 비난하는 것에만 머물러 있어선 안 된다. 무슬림들은 테러에 맞서 공화국이 이끌고 있는 싸움에 참여해야 한다. 어떻게? 두 가지 단계가 있다.

첫 번째는 이미 실행 중이긴 하지만 꾸준한 의지로 충분히 실현되고 있지는 않은데, 이른바 점점 더 많은 무슬림 젊은이들(이슬람교를 믿든 안 믿든 상관없다. 다만 무슬림의 문화와 감각을 가진 젊은이들)이 경찰과 국방경비대에 종사하는 것이다. 젊은이들이 더욱더 적극적으로 참여하도록 고무하고 동기부여를 하고, 그렇게 테러에 맞선 싸움에 참여하게 함으로써 공화국의 가치를 지킬 기회를 주어야 한다.

두 번째 계획은 좀 복잡하다. 왜냐하면 다수의 무슬림에게 국가가 테러를 예방하고 방지하는 걸 돕도록 설득해야 하는 것과 관련되기 때문이다. 이를 위해서는 프랑스가 이슬람과 무슬림에 대해 갖고 있는 비전을 바꾸어야 한다. 물론 그전에 할 일이 있다. 분열되어 있고, 경계심을 품고 있으며, 자기 폐쇄 속에서 침묵을 지키려는 이 공동체가 마음을 열 수 있도록 해야 한다. 그들에게 엄청난 해를 끼치는 이 테러 사건에 자신이 관련되어 있다고 느끼게 하는 동시에, 프랑스의 세속주의와 양립 가능한 세속화된 이슬람을 갖도록 해야 한다.

그렇다면 어떻게 행동하고, 어떻게 말하고, 어떻게 조직할 것인가. 이것은 시간과 상상력을 필요로 한다. 공화국의 대통령이 먼저 프랑스의 무슬림들에게 말을 걸어 그들을 안심시키고, 그들의 미래이면서 국가 전체의 미래와 관련된 협력을 위해 손을 내밀어야 한다.

오직 이 나라 무슬림들의 성실하고 깊숙한 참여만이 이슬람의 이름으로 저질러지는 테러에 맞선 투쟁에서 효과를 거둘 수 있다. 그것은 또한 다른 두 개의 일신교(기독교와 유대교_옮긴이)와 공명하는 원칙과 가치를 반대하는, 증오하고 재난을 일으키는 담론들의 공모자라는 모든 의심을 씻어내는 하나의 방법이다.

야만에 맞선 법치국가의 투쟁은 비대칭적이다. 지하드주의자들의 목표는 다름 아니라 민주국가들에게 법규를 포기하고 그들과 똑같은 무기에 호소하도록 밀어붙이는 데 있다. 프랑스가 이에 저항하고 있는 건 물론이다. 하지만 프랑스 땅에 살고 있는 600만 명의 무슬림들이, 테러리즘을 무너뜨리는 투쟁에 동참한다면, 프랑스는 훨씬 더 조직된 저항을 준비할 수 있다.

무솔리니에 대한 이탈리아의 향수는 죽지 않았다

〈르 푸앵Le Point.fr〉, 2017. 3. 3

토스카나와 롬바르디아 사이에 있는 에밀리아로마냐에 있으며, 6세기에 만들어진, 세계에서 가장 아름다운 모자이크가 있는 라벤나로부터 15킬로미터 떨어진 곳에 포를리라는 작은 도시가 있다. 단테가 묻힌 곳이 바로 여기다. 그런데 이탈리아 총리이자 파시스트당 당수였던 베니토 무솔리니(재임 1922~1943)에 대한 향수로 유명해진 곳과 이웃해 있다.

시내 중심에서 15분 떨어진 곳에 있는 프레다피오 위에 둥지를 튼 작은 마을에 이탈리아 파시즘의 아버지가 태어난 집이 있다. 그의 무덤도 멀지 않다. 황제에 준하는 지하묘지는 거대함의 광기를 내뿜는다. 그의 가족이 거기에 함께 묻혀 있을 뿐만 아니라, 독재자의 열렬한 지지자들도 비싸게 매입하여 한 자리씩 차지하고 있다. 죽은 뒤에도 독재자에 대한 찬양을 영구히 이어가겠다는 것이다. 묘지 입구는 'M' 자를 상기시키는, 세 개의 아치를 올린 세 개의 문으로 짜여 있다. 그런데 가장 아연실색케 하는 것은, 파시즘에 대한 향수가 남아 있다는 것이 아니라, 완전히 죽었다고 믿었던 파시즘이 지금도 지속되고 있다는 사실이다.

우선, 상점 세 곳이 파시즘과 연관된 '상품'을 팔고 있다. 검은 셔츠, 흑포도주, 무솔리니의 초상이 그려진 다양한 망토와 투구,

무기들, 티셔츠, 커피잔, 수프 사발, 나치문양(卐)이 새겨진 깃발들, 검은 재킷, 캡 모자, 벽보, 파시즘 시절에 나온 신문 1면들, 리더의 사진이 담긴 2017년 달력, 심지어 "Barcollo ma non mollo"(나는 안정하지 않는다. 하지만 버티고 있다)라는 독재자의 말을 자랑스럽게 표기한 아기용 잠옷까지.

상점들은 손님들로 만원이다. 이제 막 스무 살이 된 여점원은 무솔리니의 초상을 수놓은 검은 셔츠에 관해 "우리 가게엔 모든 치수가 다 있습니다. 이건 아주 잘 팔리는 제품이에요"라고 말한다. 호기심으로 상점을 찾은 사람도 있지만, 그 암울했던 시기를 몰랐던 사실에 서글퍼하는 사람들도 상점에서 만날 수 있다.

베니토 무솔리니는 오늘날 이탈리아에서 보여주고 있듯이, 힘과 광신주의와 인종주의의 추종자들을 계속 매혹하고 끌어당기고 있다. 버젓한 네오파시스트들인 이탈리아의 '북부동맹Lega Nord' 정당과 '이탈리아의 형제들Fratelli d'Italia'에 의해 대변되는 극우 세력은 자신들의 승승장구를 결코 포기하지 않는다.

무솔리니 가족의 지하묘지 입구에는 방문자들이 감흥을 기록한 방명록이 있다. 거의 모두 '위대한 인물'이 사라진 것을 애석해한다. "베니토, 이탈리아는 그대를 필요로 해, 돌아와" "그대가 떠난 뒤에 공허밖에 없어" "이탈리아의 명예" 등.

몇몇 이탈리아 친구들과 이야기를 나누면서, 나는 도널드 트럼프와 블라디미르 푸틴이 이탈리아의 일부 사람들에게 대단한 인기를 누리고 있다는 사실을 알았다. 힘과 난폭성은 사람들을 매혹한다. 이탈리아 사람들도 비민주적인 강력한 권력을 다시 요구하고 있는지도 모른다. 그렇지만 파시즘 찬양은 원칙적으로 금지돼 있다. 그럼에도 무솔리니 기념품을 파는 상점들이 이렇게 호황을 보이는 것은 하나의 징후다.

이탈리아는 그 출구가 보이지 않는 정치적 위기를 맞고 있다. 전통적인 좌파와 우파는 분열되었다. 중도파는 우왕좌왕한다. 남은 것은 '오성운동' 정당인데, 그들의 이념은 대중 영합주의적이고 불분명하다. 그런데 언제나 그렇듯이, 그러한 사업은 다수 국민들의 일반적인 무관심 속에서 계속되고 있다. 여기서 전체주의 이데올로기가 되돌아오는 거센 바람을 느낀다.

2016년 12월 24일, 밀라노에서 베를린 테러의 혐의자인 아니스 암리를 쓰러뜨리는 데 성공한 경찰관이 앙겔라 메르켈로부터 훈장을 받기로 되어 있었다. 그런데 그가 '파시즘이 나라의 구원자'라는 신화에 경도된 극우 세력에 속해 있다는 사실이 알려졌다. 결국 훈장은 취소되었다.

알프레드 르윈 재단은 무솔리니가 파시즘의 불빛을 최대한 멀리서 볼 수 있도록(사방 60킬로미터) 제작한 등대를 다시 밝히겠다는 포를리-체세나 지역 의회의 계획에 대해 강력히 항의했다. 재단은 이 지역에서 유대인들이 처형당했고 레지스탕스 대원 안토니오 카리니가 고문당하고 다리 밑으로 내던져진 일을 상기시켰다.

이런 일들은 가볍게 여길 수 없는 징후들이다. 최근 유럽에서 일어나고 있는 대중 영합주의적이고 파시스트적인 움직임은 미디어에 의한 환상이 아니다. 프랑스와 마찬가지로, 이탈리아 역시 갈수록 현장과 정신 속에 세력을 확장해가고 있는 극우 세력의 분출을 어떻게 막을 것인지에 대해 아무런 대책을 세우지 못하고 있다.

부록

프랑스식
긍정적 차별

*'프랑스식 긍정적 차별' 토론회의 기조연설문. 토론회는 2005년 10월 26일, 당시 내무장관 니콜라 사르코지의 주재 아래 프랑스 내무부에서 열렸다.

하지만 이후 니콜라 사르코지는 '긍정적 차별'을 프랑스에 도입하겠다는 계획을 번복했다. 2009년 6월 22일, 베르사유에서 행한 연설에서, 그는 "평등은 다음 정부의 최우선 과제다. 그것은 출신 종족이 아닌 사회적 기준에 바탕을 두어야 한다. (…) 우리의 통합 모델은 더 이상 작동하지 않고 있다. 평등을 낳기보다 불평등을 낳고 있다. (…) 단결을 낳기보다 원한의 감정을 낳고 있다"고 말했다.

공화국의 도전: 프랑스식 긍정적 차별

정의, 공정, 평등의 개념을 분석하기 전에, 잠시 '차별'이라는 말에 대해 생각해보려고 합니다. 이 차별이 역설적이게 긍정적이어서 교정의 뜻이든, 당연히 부정적이며 해로운 뜻이든 관계없이 말입니다.

차별은 나누고 분리하는 것이며 사람들 사이에 경계선을 그어 가치가 다르다고 구별하는 것입니다. 저에게 차별은 진부한 착각에 지나지 않습니다. 다시 말해, 흔한 일이긴 한데 때로는 고의적인, 때로는 애초부터 의도하지 않은 차별이 있습니다. 습관이 된 탓이지요. 그렇게 차별은 피부 빛깔에 따라, 믿는 종교와 사용하는 언어에 따라, 그리고 또 저는 특히 이 점을 강조하고 싶은데, 어떻게 먹고사는지에 따라 인간들의 사이가 불평등하다고 확신하는 집단 무의식 속에 깊이 뿌리내리고 있습니다.

차별한다는 것은 자기 자리에 있지 않은 사람에게 시선을 보내는 것입니다. 그것이 깔보는 시선이든 올려다보는 시선이든요. 두 경우 모두 그 시선은 정당하지도 않고 도덕적으로 받아들일 만한 것도 아닙니다.

충격적인 표현은 토론을 불러일으키는 이점이 있습니다. 지금까지 긍정적 차별이 충분히 토론되지 않은 것은 유감스러운 일입니다. 그것은 좋은 감각, 좋은 의도에서 출발된 것이기 때문입니다.

우리는 부당한 상황을 교정하기 위해 역설을 사용하고 있습니다. 미국에서 기원하여 우리에게 온 이 개념은 프랑스 사회에 잘 맞지 않습니다. 미국인의 실용주의는 우리들로 하여금 종종 의문과 분석을 포기하게 만듭니다. 빨리 나아가야 하며, 정해진 목표에 도달하기 위해 무슨 수단을 쓰든 간에 상관이 없습니다. 프랑스 사회에는 토론과 논쟁이라는 오래되고 훌륭한 전통이 있습니다. 의문을 제기하고 토론하는 것을 잘 익혔지요.

저는 긍정적 차별의 지지자들의 의도에 공감하고 있으며, 이에 대해 의문을 품고 있지 않습니다만, 프랑스의 전통에 입각하여 공정함과 평등에 관해, 즉 정의에 관해 말하고자 합니다.

영국인들은 아주 편리한 말을 하나 갖고 있습니다. 그 말은 가까우면서도 아주 섬세한 차이가 있는 네 개의 개념을 표현할 수 있습니다. 바로 '공정함fairness'이라는 말입니다. 이 말은 그 안에 정의, 공정, 평등, 불편부당의 뜻을 품고 있습니다. 정의는 권리에 일치하는 것인 동시에 수학적·합리적으로 사회계약의 조항, 즉 사회의 이해관계인들 사이에 맺은 합의사항에도 부합되는 것입니다. 공정함이란 각자의 권리를 존중하는 것입니다. 다시 말해, 모든 존재가 그 어떤 정실주의, 편파성, 주관적인 선호 없이 똑같은 대우를 받아야 한다는 것입니다. 즉 "각자에게는, 그가 어떤 종족에 속하든, 그가 어느 종교를 믿든, 그의 피부 색깔이 어떻고 그의 소득 수준이 어떻든 상관없이 그의 몫이 있다"에 부합하는 것은 정당합니다.

영어 'fairness'의 개념은 사람들에 대한 불편부당한 대우를 요구하는데, 우리는 모든 인간이 다르지만 서로 닮았다는 원칙에서 출발합니다. 존 롤스는 명확하게 말합니다. "정의는 공정함과 마찬가지로 정언명령과 비슷한 것이다."

공정함을 내포하고 있는 정의는 직관이나 조정과 혼동되는 것이 아닙니다. 정의는 해석과 구체적인 시행을 즉각 내포하는 몇 가지 개념이 만나는 장소입니다. 그중 불편부당함, 법의 효력에 대한 존중(이것은 개인과 국가의 행동과 태도와 관련됩니다)뿐만 아니라, 명료하고 오점이 없으며 속셈도 없는 정직성이 있습니다. 칸트는 말했습니다. "보편 법칙에 따라서, 각자의 자유의지로 하여금 다른 모든 사람의 자유와 공존토록 하는 모든 행동과 모든 원칙은

정당하다.”(자유로운 존재들의 공존은 평등을 전제합니다)

저는 국가의 태도에 관해 언급했습니다. 저는 독단, 즉 군주·권력·힘에 의한 독단 행위에 대해 거부할 것을 강조하고자 합니다. 특별대우를 거부하여, 특정 커뮤니티에게만 혜택을 주어선 안 됩니다. 정당해야 하며 정의가 적용되고 있는지, 특히 권력을 집행하는 데 있어서 통합적으로 이루어지고 있는지 살피는 게 중요합니다. 공정의 원칙은 각자의 양심 속에, 특히 통치자의 정신 속에 확고히 자리 잡아야 합니다. 그것은 모든 후보자에게 똑같은 기준을 적용하는 것이며, 모든 주관적이거나 정치적인 특혜는 설령 그것이 최상의 선을 목적으로 한다고 해도 피해야 마땅하고, 공정성의 원칙을 적용하는 것에 자리를 내주어야 합니다.

어떤 분은 이력서를 익명으로 작성하자고 합니다. 이름을 보이지 않게 하면 이념적·인종적 편견과 친족 등용의 외부 기준이 개입되는 걸 피할 수 있다는 것이지요. 하지만 저는 이력서에 사진과 함께 이름을 공개할 것을 제안합니다. 응모자는 속임수를 쓰는 사람이 아니며, 누구를 채용할지 결정하는 사람이 미리부터 외부 압력에 흔들리는 사람으로 봐서는 안 되기 때문입니다. 익명의 이력서는 인종주의에 양보한 것으로, 채용자의 공명정대함을 모욕하는 것입니다. 독일의 철학자 라이프니츠가 말했듯이, “완벽함은 절대적인 게 아니라, 그것은 본질의 층위, 즉 우리가 생각하고 행동하는 그 안에 있는 실재의 층위”입니다.

프랑스의 인적 풍경은 변하고 있습니다. 일부는 이 사실을 잘 알고 있지만 또 다른 일부는 모르고 있습니다. 현실을 현실 그대로 보기를 거부하는 저항이 있습니다. 무슨 일이 일어나고 있는지 보려고 하지 않는, 일종의 완고함이 있습니다. 이것은 눈먼 의식의 한 형태이며 다분히 정치적입니다.

프랑스가 변하고 있다고 인정하는 것은, 이에 대응하여 이러한 인적 풍경의 전복을 고려한 정책을 펴야 한다는 것을 받아들이는 일입니다. 왜일까요? 프랑스는 수십 년 동안 이주의 현실을 감춰 왔습니다. 오일 쇼크가 발생한 1973년까지 사람들은 이주민을 보려고 하지 않는 습성을 가졌습니다. 무의식이 이주민을 삭제하고 지웠습니다. 몇 가지 비극적 사태가 발생하면서 이주민을 다시 프랑스 사회의 무대에 올려놓았습니다. 오늘날 문제되는 것은 더 이상 이민이 아니라 이 현상의 결과에서 비롯됩니다.

1974년에 이주민 노동자들의 가족을 데려올 수 있도록 허용한 '가족결합'이 발표되었습니다. 이주민들이 자식을 낳았습니다. 이 아이들은 이주민이 아닙니다. 외국인이 아닙니다. 이 아이들은 외국인 부모 사이에서 태어난 프랑스인입니다. 이들은 자신의 의지와 관계없이 역사적·사회적 상황의 산물입니다. 바로 이들이 오늘 우리로 하여금 차별과 분리와 인종주의에 관해, 그리고 정의와 공정성에 관해 말하도록 이끈 것입니다.

더불어 사는 길을 배우는 게 중요합니다. 그것은 에피쿠로스가

"사람이 많고 적고를 떠나서, 또 장소가 어디가 되었든, 아무에게도 피해를 저지르지 않고 겪지 않도록 하기 위한 일정한 계약으로 맺어진 사람들의 결집"이라고 부른 것입니다.

우리에겐 새로운 사회계약이 필요합니다. 더불어 사는 길을 터득한다는 것은 합의 조건을 수용하고 자기 존재를 사회계약의 변천 속에 참여시키기를 터득하는 것이기 때문입니다. 그것은 권리와 의무에 기초하고 차이와 닮음, 그리고 이에 대한 존중의 토대 위에 있는 사회의 문법을 터득하는 일입니다. 이 과업은 우리 모두에게, 통치자들과 시민들에게 주어진 것입니다. 그동안 탈선과 얼룩, 오해가 있었기 때문에 망각과 소홀함이 있었고, 종종 무관심과 불의가 있었기 때문에 오늘 특별한 취급을 바란다는 것은 있을 수 없는 일입니다. 설령 그것이 혜택이라고 해도 말입니다.

출발부터 잘못된, 핸디캡을 그들의 숙명처럼 갖고 있는 세대의 문제입니다. 이제 이 점을 알게 되었고 앞으로 더욱 그러할 것이라면, 이 상황을 '공정함', 즉 정의, 공정, 평등의 개념에 기초하여 치유해야 합니다. 철학자 알랭(1868~1951, 알랭은 필명이고, 본명은 에밀 샤르티에Emile Chartier다_옮긴이)은 이렇게 썼습니다. "모든 계약과 모든 교환에서, 상대방의 입장이 돼보아라. 하지만 그대가 아는 모든 것과 함께, 그리고 한 인간이 필요로 하는 것으로부터 자유로운 그만큼 그대가 자유롭다고 가정하면서, 그의 자리에서 그

교환과 계약을 받아들일 것인지 보아라."

구체적 제안

- 프랑스인 전체에 대하여 인적 풍경의 새로운 구성에 관해 정보의 전달이 이루어져야 한다. 새로운 구성 요소를 보여주고 그 새로운 구성들이 저절로 통합된다는 것을 보여주어야 한다. 새로운 색깔, 새로운 풍미, 차이를 보여주어야 한다.
- 초등학교부터 중요한 교육 사업을 실시해야 한다. 아이들에게 우리는 모두 다르면서 서로 닮았고, 모두가 똑같은 권리와 의무를 갖고 있다고 가르쳐야 한다.
- 초중고 학군제를 다시 규정해야 한다. 내가 보기에 이 부분에서 문제가 엄청난데, 그것은 동시에 가난에 맞서 싸워야 하는 것이기 때문이다.
- 이민자든 이민자가 아니든 가난한 가정을 도와야 한다. 또한 아이들이 학교생활에서 물질적 어려움에 시달리지 않도록 해야 한다.
- 교육 현장에서 모든 차별에 맞선 싸움을 시행해야 한다. 오로지 초등학교부터 행해지는 일상적 교육과 교육법만이, 미래에 아이들이 분리의 대상이 되는 일을 피하게 해줄 수 있다. 이 교육법을 나는 공정성과 평등에 의해 다시 세워지는

미덕인 "존엄성의 사활적 필요"라고 부른다. 칸트가 말했듯이, "인류는 그 자체로 존엄한 존재다. 인간은 그 어떤 사람에 의해서든 단지 수단으로 사용될 수 없고, 언제나 목적으로 취급되어야 하며, 그렇게 함으로써 그의 존엄성을 구성하는 것이다."

누군가를
차별할
자유는 없다

오찬호(작가, 사회학 연구자)

"여러 인종이란 건 존재하지 않아.
　　　인류만이 존재할 뿐이야."(55쪽)

방송에서 차별을 주제로 강연을 했다. 세계의 인종차별 사례를
소개하고 우리나라의 경우를 살펴보는 내용이었다. 나는 한국의
초등학교나 학원에서 원어민 강사를 모집할 때, '백인만 지원 가
능white person only, white people wanted'이라는 문구를 너무나도 당당
하게 적어놓는 실상을 말했다. 왜 그러느냐는 기자의 질문에 학
원 관계자는 "학부모가 싫어해서 어쩔 수 없다"라는 말만 되풀이
하고, 학부모는 싫어하는 이유로 "아이가 흑인을 무서워하기 때
문"이라고 거침없이 내뱉는다. 설사 그렇게 생각한들 들키지 않
으려고 말을 빙빙 돌리는 것도 아니라 그게 왜 문제냐는 표정이
다. 더 놀랄 일은 내가 이 사건을 언급한 다음에 벌어졌다. 방송국
시청자 게시판에 나를 원색적으로 비난하는 글이 올라왔는데, 강
연자의 이념이 문제가 있다는 둥 하는 이야기는 접어두고 주장을

요약하면 이렇다. '부모가 자기 아이를 발음 좋은 백인에게 교육 받게 하는 게 왜 차별이냐! 내 자유지!'

차라리 '나는 그냥 속물이라서요'라면서 차별하는 사람은 그나마 솔직하다는 생각이 들 정도다. 하지만 누군가의 존엄성을 부정하는 차별을 자유라는 고상한 단어로 포장하면 사회는 엉망이 된다. 차별과 혐오에 반대하자고 아무리 말을 해도, 오히려 자신의 자유가 침해당했다고 생각하기 때문이다. 자신은 '선', 반대편은 '악'이 되면 정의로움으로 둔갑한 폭력이 난무한다. 2018년 제주도에 예멘 사람들 500여 명이 와서 난민 신청을 했을 때, 일상적인 찬반 토론의 수준을 넘어 입에 담기에도 힘든 말들이 등장한 이유는 자신이 당당하다고 생각했기 때문이다. 이런저런 상황을 볼 때 난민 수용에는 여러 난제가 있다는 의견이 아닌, '그 종교' '그 문화'에 대한 편견을 바탕으로 사람을 악마로 묘사하고 마구마구 폄훼할 자유는 누구에게도 없다.

자유라는 말에 숨겨진 폭력

인종차별이 문제인 것은 같은 논리로 끊임없이 다른 차별을 일삼기 때문이다. 자신이 싫어하는 집단을 온갖 그럴싸한 이유로 분류해서 궁극적으로 공동체에서 분리하려는 모습들을 찾는 건 어렵지 않다. 장애인 재활기관이 동네에 들어서는 걸 강력하게 반대하고, 특수학교가 설립되는 걸 마치 독립투사처럼 막는다. 휠체어가 가게 문턱을 자유롭게 진입할 수 있게 설치한 보철에 걸려 넘어진 걸 역차별이라고 민원을 넣은 사람도 있다. 삶의 평범함을 보장해달라는 장애인의 외침은 "호의가 계속되면 권리인 줄안다"는 빈정거림과 마주해야 한다. 누군가의 불평등을 전제로 주어졌던 평범한 일상이 조금이라도 틀어지면 이를 자신의 자유가 훼손당한다고 생각하는 사람의 이상한 정의감이다. '노키즈존'은 가관이다. 평범한 동네 식당에서조차 사람의 행동을 문제 삼는 것을 넘어, 사람 자체의 진입을 막아버리더니 이제는 전체관람가 영화조차 '노키즈관'을 따로 만들어야 한다고 주장한다. 이때 등장하는 말이 무엇인가. 바로 자유다. 그럴 권리를 행사할 빌어먹을 자유. 그게 자신에게 있단다.

그런 자유는 없다. 책에서도 간략히 등장하는 미국의 '리틀락 나인' 사건이 던지는 시사점을 보자. 미국은 노예제도가 폐지되었지만 오랫동안 공립학교에서 백인과 흑인이 함께 공부할 수 없었다. 백인들은 자신들끼리 살고 공부했던 걸 마치 자연의 질서처럼 여겼기 때문이다. 그러니 이를 유지하는 게 이들에게는 정의였던 셈이다. '분리해도 차별은 아니다'라는 짐 크로 법Jim Crow Law까지 만들어가며 학교는 물론 수영장 등의 공공시설에서도 흑인과 '섞이는 걸' 극도로 경계했다. 이는 미국 연방 대법원이 브라운 판결을 통해 학교에서의 인종분리는 위헌이라는 결정을 내리는 1954년까지 이어졌다. 하지만 절대 그럴 수 없다는 학교가 있었다.

아칸소 주의 '리틀록 고등학교'는 교사, 학생, 학부모, 동문들이 대동단결하여 '우리 아이들이 흑인과 함께 공부하지 않을 자유를 보장하라'면서 연일 시위를 했다. 흑인 커뮤니티에서 9명의 학생들을 등교시키겠다는 결정을 내리면서 갈등은 최고조에 이른다. 백인들은 흑인 학생들에게 돌을 던졌고 이를 막아야 하는 주지사는 오히려 주 방위군을 동원해 흑인 학생들의 등교를 막는 지경에 이른다. 이때, 아이젠하워 대통령은 역사에 길이 남을 선택을 한다. 괜한 토론을 하면서 '생각하기 나름'이라는 단서를 제공하지 않고, 즉시 미국의 101공수여단을 해당 지역에 보낸다. 그리고 6개월 동안 9명의 흑인 학생들의 등하굣길은 물론 학교 안에서도 보호한다. 군대를 전쟁이 난 곳도 아니고 자국에 보내는 초강수를 던진 이유는 단 하나, 차별에 찬성하는 자유란 없기 때문이다.

차별에 찬성하는 능력주의의 함정

모든 차별에는 그럴 만한 이유가 등장한다. 특히 근대교육의 근간이 되는 능력주의는 사람을 합리적으로 구분할 수 있다는 착각을 불러온다. 사람이 싫어서가 아니라, 그 사람의 역량이 부족하니 별수 없는 것 아니냐는 식이다. 마치 모두가 매우 평등한 조건에서 시험이라도 친 것처럼 말하는데 그럴 리 있겠는가. 미국은 프랑스의 간단한 질문 형태에 불과했던 IQ(지능지수) 검사법을 기업의 막대한 지원하에 체계화한다. 1900년대 초의 일인데, 당시 미국 사회는 인종에 따라 사람은 우월하거나 열등하다는 우생학이 적극적으로 옹호되던 시절이었고, 지능지수는 이를 합리화하는 증거자료였던 셈이다. 이후, 단종법까지 만들어서 사회의 해가 되는 사람들의 출산 자체를 막아버리기까지 했으니, '능력'이란 이름으로 자행되는 차별은 얼마나 끔찍한가.

비슷한 시각으로 세상을 바라보는 태도는 지금도 여전하다. 편견에 노출된 사람들은 일상을 당당하게 살아가기가 힘들고, 빈곤해질 확률도 높아진다. '그래서' 삶의 의욕을 포기하기도, 때로는 일탈을 저지르기도 한다. 하지만 아무도 '원인'을 분석하지 않는다. 좋지 않은 결과만을 '그 집단의 본래 특성'처럼 포장해 누군가를 싫어할 정당한 이유를 만든다. 미국만의 일이 아니다. 한국에서 '임대아파트'에 사는 아이들을 차별하는 일은 검색 몇 번이면 뉴스의 단골 소재임을 알 수 있다. 저쪽에 사는 애들이 담배를 많이 피우니, 도둑질을 많이 하니 등등 온갖 이유가 등장한다. 그러면서 '부모라면' 별수 없다나 뭐라나. 확고한 신념을 실천하는 사람들 덕택에 누군가는 어릴 때부터 수치심을 느껴가며 버티다가 인생의 실수를 할 수도 있다. 이는 또 '차별하는 그럴 만한 이유'로 둔갑될 뿐이다.

평등은 어려워도 불평등을 줄이는 건 가능하다

백인이 잘못하면 사람의 문제지만 흑인이라면 집단의 문제가 된다. 비장애인이 항의를 하면 내용을 따지지만 장애인의 요구는 장애가 벼슬이냐는 모욕으로 돌아온다. 같은 교통사고 가해자라도 남자는 음주, 부주의 등의 원인이 언급되지만, 여자는 그냥 여자라서 문제가 된다. 이성애자가 성폭행을 하면 그 인간이 죽일 놈이지만, 동성애자가 강간을 하면 '그 집단'의 본질적인 특징이 된다. 극장에서 휴대폰 불빛을 노출시켜 다른 사람 괴롭히는 어른을 문제 삼지는 못하지만, 아이가 떠드는 건 분리의 이유가 된다. 이를 일부 사람들의 괴기스러운 모습 정도로 이해해선 안 된다. 사람마다 빈도와 강도의 차이만 있을 뿐이지, 누구나 약자를 찾아내서 강자에게는 적용하지 않는 논리를 들이댈 가능성은 농후하다. 누구도 차별주의자로 태어나지 않지만, 누구도 차별주의자가 되지 않으리란 법은 없다. 사회의 나쁜 기운이, 무지한 이웃의 궤변이 '나만' 비껴갈 리가 있겠는가.

차별의 역사가 원체 오래되니, 차별이 곧 인간의 어쩔 수 없는 속성이라면서 태초부터 불평등이 있었다는 주장도 있다. 인간이 사회 속에서 살아가는 이상, 수많은 이해관계가 얽혀서 등장하는 차이를 무작정 무시하고 평등을 기계적으로 외치는 건 지나친 상상 아니냐는 사람들도 있다. 완전한 평등에 집착하면 그렇게 생각할 수 있다. 하지만 평등이 아닌 불평등에 초점을 맞춰보자. 인류는 앞으로도 완전한 평등 사회를 만들지는 못하겠지만, 지금까지 불평등의 크기를 줄여온 것은 분명한 사실이다. 그 역사를 이어가기 위해 노력해야 함이 자명하다. 그럴 때마다 주변에서는 또 그럴 만한 이유를 들이대며 차별을 차별이 아닌 것처럼 만들려고 노력할 것이다. 책 속에서 메리엠이 '인종주의자들이 내세우는 과학적 증거'가 무엇인지 묻자 젤룬은 이렇게 답한다. "그런 건 없어."